سیف و قلم

(منتخب کالموں کا مجموعہ)

مصنف:

محمد سیف الدین

© Taemeer Publications

Saif-o-Qalam *(A collection of Columns)*
by: Mohammed Saifuddin
Edition: December '2023
Publisher :
Taemeer Publications LLC (Michigan, USA / Hyderabad, India)

ISBN 978-93-5872-047-1

مصنف یاناشر کی پیشگی اجازت کے بغیر اس کتاب کا کوئی بھی حصہ کسی بھی شکل میں بشمول ویب سائٹ پر اَپ لوڈنگ کے لیے استعمال نہ کیا جائے۔ نیز اس کتاب پر کسی بھی قسم کے تنازع کو نمٹانے کا اختیار صرف حیدرآباد (تلنگانہ) کی عدلیہ کو ہوگا۔

© تعمیر پبلی کیشنز

کتاب	:	**سیف و قلم** (منتخب کالموں کا مجموعہ)
مصنف	:	**محمد سیف الدین**
صنف	:	عصری صحافت
ناشر	:	تعمیر پبلی کیشنز (حیدرآباد، انڈیا)
سالِ اشاعت	:	۲۰۲۳ء
تعداد	:	(پرنٹ آن ڈیمانڈ)
طابع	:	تعمیر پبلی کیشنز، حیدرآباد -۲۴
صفحات	:	۱۴۴
سرورق ڈیزائن	:	تعمیر ویب ڈیزائن
سرورق خطاطی	:	غوث ارسلان

انتساب

والدین، اساتذہ، رفیقہ حیات،
عزیز و اقارب، دوست و احباب اور قارئین کے نام۔۔۔

جنہوں نے میرا ساتھ دیا اور حوصلہ افزائی کی

فہرست

اظہارِ تشکر	محمد سیف الدین	8
بے دھاری تلوار	کے۔ این۔ واصف	11
سیفی قلم	ڈاکٹر سید فاضل حسین پرویز	15
مجھے یقیں ہے کہ یہ آسمان کچھ کم ہے	مکرم نیاز	18

کالم

(۱)	مشرق وسطی کی صورتحال اور بین الاقوامی تیل مارکٹ	20
(۲)	امریکہ کی دھمکیوں کے باوجود ایران جوہری پروگرام آگے بڑھانے پر اٹل	24
(۳)	سعودی آرامکو کی ہندوستانی کمپنیوں میں دلچسپی	29
(۴)	حجاب ٹوٹ رہے ہیں مگر حجاب کے ساتھ	33
(۵)	بھگوا بریگیڈ، دیس تو کیا پردیس میں بھی سرگرم	39
(۶)	ہند-سعودی تعلقات نئی بلندیوں پر، ڈاکٹر اوصاف سعید کا خصوصی انٹرویو	43
(۷)	امریکہ کی اسرائیل نوازی نئی بلندی پر	48
(۸)	خلیجی ممالک میں تارکین ہند کے انمٹ نقوش	52
(۹)	شہریت ترمیمی قانون سے تارکین ہند میں بے چینی	56
(۱۰)	ہندوستان میں اسرائیلی پالیسیاں!	62
(۱۱)	لمحوں نے خطا کی تھی صدیوں نے سزا پائی	67
(۱۲)	بڑا شور سنتے تھے پہلو میں دل کا	72
(۱۳)	کروناوائرس کا قہر	76

(۱۴)	صدی کی ڈیل یا بیت المقدس کا سودا؟	80
(۱۵)	کروناوائرس، لاک ڈاون اور تارکین ہند	84
(۱۶)	خلیج میں آر ایس ایس کی مخالف اسلام مہم بری طرح ناکام	89
(۱۷)	ٹرمپ و مودی کا ہنی مون اور دہلی فسادات	94
(۱۸)	اب کوروناوائرس بھی مسلمان ہو گیا	98
(۱۹)	ہاؤ ڈی مودی-الٹی ہو گئیں سب تدبیریں	103
(۲۰)	حوثی باغیوں کے مظالم کے پانچ سال، یمن کی صورتحال ابتر	107
(۲۱)	ہند سعودی مستحکم تعلقات سے پاکستان مایوس	111
(۲۲)	ریاض میں مودی و عمران کی متوقع ملاقات	116
(۲۳)	ملک میں سب چنگا سی، لیکن۔۔۔	121
(۲۴)	ہندوستان و سعودی عرب ترقی کی راہ پر ہم قدم	126
(۲۵)	خلیج میں کشیدگی کیا جنگ کا پیش خیمہ ہے	132
(۲۶)	ہندوستان اور عالم اسلام	136
(۲۷)	کشمیر-تم قتل کرو ہو کہ کرامات کرو ہو	140

اظہارِ تشکر

محمد سیف الدین

اخبارات، رسائل اور ویب پورٹلز کے لئے خبریں اور مضامین لکھنے کا سلسلہ تقریباً تین دہائیوں پر مشتمل ہے۔ خلیجی ممالک میں ہندوستانی تارکین وطن کے مسائل پر مبنی کالم یاہند ڈاٹ کام پر بہ زبان انگریزی شائع ہوا جسے بعد میں کتابی شکل میں شائع کیا گیا۔

جون ۲۰۱۹ میں عزیز دوست نیوز ہیڈ روبی ٹی وی ڈاکٹر محمد آصف علی کے توسط سے روزنامہ اعتماد کے سنڈے ایڈیشن میں ہفتہ وار کالم لکھنے کا موقع ملا جو کہ تقریباً ایک سال تک جاری رہا۔ اسی وقت سے احباب کا اصرار تھا کہ ان مضامین کو کتابی شکل میں شائع کیا جائے۔

کتاب کی اشاعت کا خیال آتے ہی جناب مکرم نیاز کی شخصیت ذہن میں ابھر آئی۔ انٹرنیٹ اور سوشیل میڈیا کی متحرک شخصیت ہونے کے ساتھ انہوں نے خود ان کی اور کئی احباب کی کتابیں تعمیر پبلیکیشنز کے زیر اہتمام شائع کیں۔ ان سے رابطہ اور تبادلہ خیال کے بعد کتاب سے متعلق کئی امور پر ہم نے مکالمہ کیا اور آخر کار کتاب کی اشاعت کے تمام امور بحسن و خوبی انجام پائے۔ اس کتاب کی اشاعت کے لئے مکرم نیاز صاحب کا دل کی گہرائیوں سے شکریہ ادا کرتا ہوں۔

کتاب کی اشاعت کا خیال آنے پر دوسرا اہم کام کوئی موزوں نام کا تھا، کہنہ مشق خاکہ و کالم نگار و صحافی جناب کے این واصف کی تجویز پر "سیف و قلم" کو قطعیت دی گئی۔ اس کے علاوہ واصف صاحب نے میری خواہش پر ایک خاکہ بھی سپرد قلم کیا، اس کے لئے میں ان کا تہ دل سے

سپاس گذار ہوں۔ میرے دیرینہ کرم فرما اور عملی صحافت کے پہلے باس ایڈیٹر ہفتہ وار 'گواہ' ڈاکٹر سید فاضل حسین پرویز نے میری درخواست پر اپنی مصروفیات کے باوجود وقت نکالا اور اپنے خیالات سپرد قلم کئے، میں پرویز بھائی کا دل کی گہرائیوں سے شکر گزار ہوں۔

بانی یاہند ڈاٹ کام جناب سید ضیاء الرحمن نے انگریزی میں مختصر تعارفی خاکہ تحریر کیا اس کے لئے ضیاء بھائی کا بے حد شکریہ۔

ممتاز صحافی و ماہر خطاط جناب غوث ارسلان نے ٹائٹل کی خوبصورت کتابت کی، اس کے لئے ان کا بے حد شکریہ۔

میرے بہت سے احباب ہیں جنہوں نے ہر ہفتہ کالم لکھنے اور پھر اسے کتابی شکل دینے میں میری حوصلہ افزائی کی، ان تمام احباب کا فرداً فرداً شکریہ۔

روزنامہ اعتماد کے قارئین کا تہ دل سے شکریہ ادا کرتا ہوں کہ اخبار اور سوشیل میڈیا کے ذریعہ ان کی گراں قدر آراء، تجاویز اور تنقید کی وجہ سے میری تحریروں میں بہتری پیدا ہوئی اور میری مسلسل حوصلہ افزائی ہوتی رہی۔

روزنامہ اعتماد کی انتظامیہ اور خاص طور پر ایڈیٹر جناب برہان الدین اویسی صاحب، جوائنٹ ایڈیٹر عزیز احمد صاحب اور مینیجر مطہر الدین صاحب کا شکریہ کہ مجھے اپنے موقر اخبار کے لئے کالم لکھنے کا موقع فراہم کیا۔ کمپیوٹر انچارج ربانی صاحب کا شکریہ کہ کبھی کبھار تاخیر کے باوجود مضامین کی بروقت اشاعت کو یقینی بنایا۔

آخر میں ان تمام کرم فرماؤں کا شکریہ جن کی مسلسل تحریک نے میرے قلم کو دیمک لگنے اور میرے سفر کو رکنے نہیں دیا۔ ڈاکٹر عابد معز صاحب، انجنئیر محمد مبین، کالم نگار و صحافی کے این واصف، سی ای او یاہند ڈاٹ کام سید ضیاء الرحمن، ممتاز صحافی و ماہر فن خطاط جناب غوث ارسلان، سینئیر صحافی میر محسن علی کے علاوہ میرے قریبی دوستوں مرزا سعد اللہ بیگ، انور عابدی، ڈاکٹر محمد اشرف علی، نعیم عبدالقیوم، سید خالد کریم، ایڈیٹر چارمینار اکسپریس محمد تجمل علی

خان، باسط ابو معاذ، نیوز ہیڈ روبی ٹی وی ڈاکٹر محمد آصف علی، محمد رفیق (نظام آبادی، ساکن ریاض) کا بھی شکریہ کہ ان احباب کی مسلسل حوصلہ افزائی میری تحریروں میں جلاء پیدا کرتی رہی۔

آخر میں رفیقہ حیات و فرزند دلبند کا بھی شکریہ کہ میری ادبی و قلمی سرگرمیاں ان کے تعاون کے بغیر ممکن نہیں۔

☆☆

بے دھاری تلوار

کے۔ این۔ واصف (ریاض، سعودی عرب)

حضرات! "دو دھاری تلوار" ایک پرانی کہاوت ہے۔ جو آپ نے متعدد بار سنی ہو گی۔ میں آج آپ کو ایک "بے دھاری تلوار" کے بارے میں بتانے جا رہا ہوں۔ بلکہ اس بے دھاری تلوار سے آپ کو تفصیلی طور پر متعارف بھی کراؤں گا۔

حضرات تیر و تلوار کے زمانے تو لد گئے۔ اب تو کمزور لوگ گالی اور طاقتور گولی سے کام لیتے ہیں۔ ادھر ہمارے شاعر حضرات تلوار کا کام قلم سے اور ابرو کی کمان سے نگاہوں کے تیر چلاتے ہیں۔ مگر ہم نے "دوستی کی نیام" میں اب بھی ایک تلوار رکھی ہوئی ہے۔ ویسے ہماری عمر، حال و حلیہ تلوار رکھنے کا متحمل بھی نہیں۔ ہماری حالت تو پاپلر میرٹھی کے اس قطعہ کی طرح ہے کہ

میں ہوں جس حال میں اے میرے صنم رہنے دے
تیغ مت دے میرے ہاتھوں میں قلم رہنے دے
میں تو شاعر ہوں مرا دل ہے بہت ہی نازک
میں پٹاخے سے ہی مر جاؤں گا بم رہنے دے

حضرات! یہ تمہید ہم نے اپنے عزیز و قریب ترین جوان سال دوست محمد سیف الدین کے لئے باندھی ہے۔ "نام میں کیا رکھا ہے یا واٹس ان اے نیم" والی بات کے ساتھ یہ بات بھی تسلیم شدہ ہے کہ نام کا اثر انسان کی شخصیت پر ہوتا ہے۔ لیکن بظاہر ایسا لگتا ہے ہمارے دوست سیف نے ماں، باپ کے دیئے ہوئے نام کے اثرات قبول نہیں کئے۔ مگر ایسا نہیں ہے۔ نرم دم گفتگو، گرم دم

جستجو محمد سیف الدین نے تلوار کے وصف کو اپنے قلم میں منتقل کر دیا ہے۔ اس طرح سیف نے "تلوار سے زیادہ طاقتور قلم" والی کہاوت کو عملاً ثابت کیا ہے۔ انھوں نے نو عمری ہی میں قلم اٹھایا۔ اسکول کے دور سے ہی لکھنے لگے۔ اور بذریعہ قلم شمشیر زنی کا سلسلہ آج تک جاری رکھے ہوئے ہیں۔ بلکہ یہ شخص شمشیر دودم یعنی دوھاری تلوار ہے۔ سیف الدین اردو اور انگریزی دونوں میں لکھتے ہیں۔ وہ دونوں زبانوں پر یکساں قدرت رکھتے ہیں۔ لہٰذا انھیں شمشیر دودم کہنا بھی درست ہو گا۔

محمد سیف الدین سن 2000 سے سعودی عرب میں مقیم ہیں اور پچھلے 15 سال سے بینکنگ کے شعبہ سے وابستہ ہیں۔ سعودی عرب آمد قبل روزنامہ "منصف" حیدرآباد میں تین سال تک بطور اسٹاف رپورٹر خدمات انجام دیں، اس کے علاوہ روزنامہ "عوام" سے بحیثیت سب ایڈیٹر چندماہ وابستہ رہے۔

جیسا کہ ہم نے بتایا طالب علمی کے دور سے ہی مختلف اخبارات و رسائل کے لئے لکھتے رہے۔ گریجویشن کے دوران بانی روزنامہ "سیاست" جناب عابد علی خان کی برسی کے موقع پر صحافت سے متعلق تحریری مقابلہ میں انعام اول حاصل کیا۔ پیشہ صحافت سے الگ ہو کر سعودی عرب منتقل ہونے کے بعد بھی لکھنے لکھانے کے سلسلہ کو جاری رکھا ہے۔ بطور فری لانسر انگریزی روزنامہ "سعودی گزٹ" کے لئے لکھتے رہے۔ معروف ویب سائٹ "یاہنڈ ڈاٹ کام" سے ابتدائی دنوں سے ہی منسلک رہے۔ اس نیوز پورٹل پر وہ خلیجی ممالک میں مقیم ہندوستانی تارکین وطن کے مسائل پر مبنی ہفتہ وار کالم لکھتے رہے جو انڈین کمیونٹی میں کافی مقبول رہا۔ بعد ازاں "یاہنڈ ڈاٹ کام" کی جانب سے ان کے کالم "ایکسپاٹ رائڈ" کے نام سے کتابی شکل میں منظر عام پر آئی اور اس کتاب نے بے حد مقبولیت بھی حاصل کی۔

کورونا وباء اور لاک ڈاؤن سے قبل روزنامہ "اعتماد" کے سنڈے ایڈیشن میں ان کا کالم ہفتہ وار بنیاد پر طویل عرصہ شائع ہوتا رہا۔ اسی کے منتخبہ مضامین کتابی شکل میں آپ کے ہاتھ میں ہے۔

سیف الدین اردو اور انگریزی دونوں کا کھاتے ہیں۔ لہٰذا انھون نے دونوں کا حق نمک ادا

کیا۔ ان کی پہلی کتاب انگریزی اور دوسری کتاب "سیف و قلم" کے عنوان سے اردو میں شائع ہوئی ہے۔

سیف ایک یار باش شخص ہیں مگر کم گو واقع ہوئے ہیں۔ وہ اپنی ضرورتوں اور ذمہ داریوں کی تکمیل کے لئے بینک میں ملازمت کرتے ہیں۔ مگر ان کا پہلا عشق صحافت یا لکھنا لکھانا ہی ہے۔ حضرت غالب کو عشق نے نکما کر دیا تھا، مگر سیف الدین کو ان کے عشق نے سرگرم رکھا ہوا ہے۔ وہ غم روزگار سے فراغت پاتے ہیں تو غم یار سے رجوع ہو جاتے ہیں بلکہ کبھی کبھار تو غم روزگار کو چکما دے کر اپنی پہلی محبت کی چوکھٹ پہ جا بیٹھتے ہیں۔ ہمارا خیال یہ ہے کہ صحافت اک نشہ اک اڈیکشن ہے۔ یہ بات ہم اپنے ذاتی تجربہ کی بنیاد پر کہہ رہے ہیں۔ ہم بھی چالیس سال سے زائد عرصہ سے اس کی زلف گرہ گیر کے اسیر ہیں۔ حالانکہ حضرت ذوق کی نصیحت ہم نے بہت پہلے سن رکھی تھی کہ

اے ذوق دیکھ دختر رز کو نہ منہ لگا
چھٹتی نہیں ہے منہ سے یہ کافر لگی ہوئی

گیسو صحافت کے اسیر محمد سیف الدین ہندوستان میں صحافت سے ہمہ وقتی طور پر وابستہ تھے۔ یعنی اس وقت صحافت سے ان کے تعلقات بالکل جائز تھے آج کی طرح اکسٹرا افیر نہیں تھا۔ وہ ہندوستان میں اپنے پیشہ میں بڑی محنت اور انہماک کے ساتھ کام کرتے تھے۔ بحیثیت رپورٹر اپنے روز کے اسائین منٹس کے علاوہ مختلف شعبہ حیات سے تعلق رکھنے والی شخصیات کے انٹرویوز بھی کیا کرتے تھے جن میں ملائم سنگھ یادو، نجمہ ہبت اللہ، سلمان خورشید، ڈاکٹر وائی ایس راج شیکھر ریڈی، لتا منگیشکر، استاد بسم اللہ خان، جاوید اختر، پروفیسر شہریار، نجیب جنگ، عارفہ خانم شیروانی، عزیز میاں قوال، غزل فنکار طلعت عزیز اور پیناز مسانی وغیرہ شامل ہیں۔

عام طور سے لکھنے والے کوئی قلمی نام اختیار کرتے ہیں۔ محمد سیف الدین نے اپنے نام کو طویل کیا نہ مختصر بلکہ ماں باپ کے دیئے ہوئے نام کو صرف اونچا اور روشن کیا۔

حضرات! سیاست اور صحافت میں ڈگری کا ہونا شرط نہیں۔ اس میدان میں تقریر اور

تحریر کی صلاحیت اور طاقت ہی کامیابی کی ضمانت بنتے ہیں۔ ۹۰ کی دہائی میں سعودی عرب سے تین انگریزی روزنامہ شائع ہوا کرتے تھے۔ جن میں ہندوستانی صحافیوں کی اکثریت کام کرتی تھی۔ جن میں کچھ باضابطہ صحافت کی ڈگری رکھنے والے بھی تھے اور نہیں بھی۔ سیف الدین کامرس گریجویٹ ہیں اور انھوں نے جرنلزم کی ڈگری بھی لی ہوئی ہے۔یعنی وہ جن دو شعبوں سے وابستہ ہیں اس کے لئے درکار باضابطہ ڈگریاں بھی رکھتے ہیں۔

سیف عادات و اطوار کے لحاظ سے بڑے نیک منش بلکہ ہم انھیں "ایک اچھا بچہ" کہہ سکتے ہیں۔ صحافی ہونے کے باوجود پینے میں صرف چائے اور کھانے میں حرام کے سواسب کھاتے ہیں۔ انھیں پھونکنے اور تھوکنے کی عادت تک نہیں۔

معروف مزاح نگار نریندر لوتھر جو ایک آئی اے ایس افسر بھی تھے، نے ایک تحریر میں اپنی عدیم الفرصتی کے بارے میں لکھتے ہوئے کہا تھا کہ انھیں لگتا ہے کہ ان کی تین بیویاں ہیں۔ ایک ان کی سرکاری ملازمت، دوسرے ان کی ادبی مصروفیت اور بیچ میں اصلی بیوی۔ اور آخر میں لکھا تھا کہ ایک اور کرلوں تو مرد مومن ہو جاؤں۔

سیف الدین مرد مومن تو ہیں ہی۔ ان کی پہلی بیوی ملازمت دوسری صحافتی مصروفیت اور ۲۰۰۵ میں وہ اصلی بیوی بھی لے آئے۔ جس کے بعد انھوں نے ہندوستان کی ایک سو ۲۵ کروڑ کی آبادی میں اپنی طرف سے صرف ایک کا اضافہ کیا۔ اور اپنی بیگم کے پاؤں کے نیچے جنت دی۔ فی الحال ان کی ایک اہلیہ اور ایک فرزند ہیں۔ اس میں اضافہ کے امکانات کا ہمیں کوئی علم یا اندازہ نہیں ہے۔ ہاں "سیف و قلم" ان کی دوسری تخلیق ہے۔ مجھے قوی امید ہے کہ وہ اپنی ان تخلیقات میں مسلسل اضافہ کرتے رہیں گے۔ میں ایک بار پھر سیف الدین کو ان کی نئی تخلیق "سیف و قلم" کی اشاعت پر دل کی گہرائیوں سے مبارکباد پیش کرتا ہوں۔

☆☆

سیفی قلم

ڈاکٹر سید فاضل حسین پرویز (ایڈیٹر، ہفت روزہ 'گواہ' حیدرآباد)

"سیف و قلم" جواں سال صحافی و ادیب محمد سیف الدین کی دوسری تصنیف ہے۔ اس سے پہلے وہ این آر آئیز کے مسائل پر انگریزی میں Expat Ride لکھ چکے ہیں۔ سیف و قلم ان کے مختلف موضوعات پر لکھے گئے مضامین کا مجموعہ ہے۔ یہ مضامین ہندوستان کے مختلف اخبارات میں شائع ہوئے ہیں۔ محمد سیف الدین جنہوں نے بہت کم عمری میں اپنے صحافتی کیرئیر کا ایک فری لانسر کی حیثیت سے آغاز کیا تھا، ایک عرصہ تک حیدرآباد سے شائع ہونے والے اردو روزنامہ 'ہمارا عوام' اور روزنامہ 'منصف' سے وابستہ رہے۔ سعودی عرب منتقلی کے بعد بھی ان کا قلمی سفر جاری رہا۔ یہی نہیں، بلکہ وہاں کی ادبی، سماجی و ثقافتی سرگرمیوں میں وہ بڑھ چڑھ کر حصہ لیتے رہے ہیں جس کی وجہ سے وہ اکثر محفلوں کے روح رواں ثابت ہوتے ہیں۔ وہ ٹوسٹ ماسٹرس کلب ریاض کے سرگرم کارکن بھی ہیں اور اس کی صدارت پر فائز رہ چکے ہیں۔ وہ قلم کے دھنی ہیں۔ سعودی عرب جانے کے بعد وہ این آر آئیز کے مختلف پروگراموں کی رپورٹیں حیدرآباد کے اخبارات کے لئے تیار کرتے جو ساتھ ہی سعودی عرب سے شائع ہونے والے انگریزی اخبار "سعودی گزٹ" اور این آر آئیز کے پورٹل یا ہند ڈاٹ کام میں انگریزی میں بھی شائع ہوتی رہیں۔

وہ اردو اور انگریزی میں یکساں طور پر عبور رکھتے ہیں اور اتنی ہی روانی سے دونوں زبانوں میں مضامین و رپورٹس لکھتے ہیں۔ اہم شخصیات سے انٹرویوز لیتے ہیں۔ کچھ عرصہ سے انہوں نے حیدرآباد سے شائع ہونے والے روزنامہ 'اعتماد' کے لئے بھی ہفتہ وار کالم لکھنا شروع کیا۔

وہ حالات پر گہری نظر رکھتے ہیں۔ ایک طرف سمندر پار ہوتے ہوئے بھی اپنے وطن میں رونما ہونے والے واقعات سے باخبر ہوتے ہیں تو خلیجی ممالک کی سیاسی صورتحال اور بین الاقوامی سیاست پر بھی ان کی گہری نظر ہے۔ اس کے علاوہ ان کا مشاہدہ عمیق اور مطالعہ وسیع ہے جس کا اندازہ مختلف موضوعات پر لکھے گئے ان کے مضامین سے ہوتا ہے۔ ایک طرف ان کے مضامین معلوماتی ہوتے ہیں تو دوسری طرف ان میں جن مسائل کا ذکر کیا جاتا ہے اس کا حل بھی پیش کیا جاتا ہے۔ ارباب مجاز سے گلہ شکوہ بھی ہوتا ہے اور طنز کا کاری ضرب بھی۔

"کوروناوائرس مسلمان ہو گیا" کے زیر عنوان اپنے مضمون میں سیف الدین نے جہاں میڈیا کی جانبداری، تعصب پر کڑی تنقید کی وہیں تبلیغی جماعت سے اظہار ہمدردی کرتے ہوئے ان کی غفلت اور لاپرواہی کی نشاندہی بھی کی، جس سے ان کی صحافتی دیانتداری کا اندازہ کیا جاسکتا ہے۔ ان کی مضمون "ہاوڈی مودی" معلوماتی بھی ہے اور دلچسپ بھی۔ تاریخی پس منظر کے ساتھ ساتھ حالات حاضرہ کی زبردست عکاسی بھی۔ مودی اور ٹرمپ کی دوستی، ایک دوسرے کی پذیرائی یا ان کی بھیانک غلطیوں پر انہوں نے بڑا طنزیہ تبصرہ کیا ہے اور ڈونالڈ ٹرمپ کے دوہرے رویے کو بھی دلچسپ پیرائے میں پیش کیا ہے کہ کس طرح ایک طرف انہوں نے مودی کو سر پر بٹھایا تو دوسری طرف عمران خان کو بھی اپنے کندھوں پر اٹھالیا۔ دونوں کے ساتھ یکساں گرمجوشی سے ملاقات سے دونوں ہی ملک ہندوستان اور پاکستان تذبذب کا شکار ہوئے، اور ٹرمپ دو بلیوں کے درمیان بندر کی طرح اپنا الو سیدھا کرنے میں کامیاب رہے۔

ہند سعودی تعلقات پر انہوں نے بہت لکھا، سعودی عرب اور خلیجی ممالک میں ہندوستان کے تجارتی مفادات کی تفصیلات بیان کرتے ہوئے سیف نے خلیجی ممالک کے حکمرانوں اور عوام کی ہندوستان میں بعض تعصب پرست عناصر کی مسلم دشمن پالیسیوں پر ناراضگی اور ان کے رد عمل کو بھی بڑی خوبی کے ساتھ پیش کیا ہے۔ سیف الدین کی تحریر ان کی اپنے وطن سے محبت کا اظہار کرتی ہے۔ اپنے ہمسایہ ملک پر ان کی کڑی نکتہ چینی پڑھنے سے تعلق رکھتی ہے۔ چوں

کہ وہ سعودی عرب میں ہیں اور ان کے حلقہ احباب میں ہمسایہ ملک کے شہری بھی شامل ہیں، ان کی بے باکی اور حق گوئی سے یقیناً وہ متاثر رہے ہوں گے۔ جہاں تک اپنے ملک کا معاملہ ہے سیف نے پڑوسی ملک کی پالیسیوں اور اقدامات پر نکتہ چینی کی ہے۔

بہر کیف! سیف و قلم ان کے شاہکار مضامین کا مجموعہ ہے، جس کے مطالعہ سے قاری کی معلومات میں اضافہ ہوتا ہے۔ انہیں اس کاوش پر مبارکباد پیش کی جانی چاہئے اور اس کتاب کی پذیرائی کرنی چاہئے۔

☆☆

مجھے یقیں ہے کہ یہ آسمان کچھ کم ہے

مکرم نیاز (مدیر اعزازی، ویب پورٹل 'تعمیر نیوز')

اخبار کی زندگی ایک دن کی ہوتی ہے۔ یہ آدھا سچ ہے۔ پورا سچ یہ ہے کہ اخبار کے مضامین تاریخ بھی مرتب کرتے ہیں۔ تحقیق کے میدان میں واقعات کی تاریخ و مقام کی تصدیق عموماً اخبارات کے حوالے سے جانچی جاتی ہے۔ انٹرنیٹ نے کسی قاری یا محقق کو مطلوبہ مواد کی تلاش میں جہاں آسانی بہم پہنچائی ہے وہیں تحقیق و تفتیش کی اہم و نازک ذمہ داری بھی صحافیوں پر عائد کی ہے۔ قاری کے سامنے کسی موضوع سے متعلق لامتناہی مواد موجود ہو اور اس میں سے سچائی کو ڈھونڈ نکالنا ہے تو یہ بلاشبہ دقت طلب و صبر آزما کام ہے۔ یہی وجہ ہے کہ ایک سنجیدہ، بردبار، غیر جانبدار اور انصاف پسند صحافی سے امید رکھی جاتی ہے کہ وہ کاہلی، لاپروائی یا حد سے زیادہ جذباتیت سے مکمل گریز کرتے ہوئے خبر دے یا اس کا معروضی جائزہ پیش کرے۔ ورنہ عوام میں صحافت کے معیار اور اعتماد کو کھونے کا خدشہ دامن گیر رہے گا۔

ریاض (سعودی عرب) میں قیام کے دوران سیف الدین نے راقم الحروف کی کارٹون / کامکس کی اولین اردو ویب سائٹ (اردو کڈز کارٹون) پر ایک تعارفی مضمون کی انگریزی اخبار "عرب نیوز" میں اشاعت کی خبر جب دی تب ان سے قریبی دوستانہ تعلقات کا آغاز ہوا تھا۔ پھر انہوں نے احقر سے مذکورہ ویب سائٹ کی تفصیلات حاصل کیں اور اس پر اپنا ایک بھرپور و متوازن جائزہ ہفت روزہ 'گواہ' میں شائع کروایا۔ اس کے بعد سے ہماری آف لائن و آن لائن ملاقاتوں کا سلسلہ دراز ہوا۔ ناچیز کے ادبی و ثقافتی ویب پورٹل "تعمیر نیوز" کے آغاز پر بھی انہوں

نے مجھے اپنے زریں مشوروں سے نوازا تھا۔ اس وقت تو وہ انگریزی میں صحافتی مضامین لکھا کرتے تھے، بعد ازاں اردو اخبارات میں قومی و بین الاقوامی موضوعات پر ان کے دلچسپ و معلوماتی صحافتی مضامین و تجزیے شائع ہونے لگے تب ایک خوشگوار حیرت ہوئی۔

میں اس نظریہ کا حامل ہوں کہ ہر دور کی تاریخ کو، ہر زبان کے موضوعاتی میدان کے ماہرین کے نقاط نظر کے ذریعے کاغذی اور ڈیجیٹل طریقے سے محفوظ کیا جانا چاہیے تاکہ مستقبل کے محققین کو منصفانہ تحقیق میں آسانی ہو۔ انٹرنیٹ اور ویب سائٹس کی افادیت کے باوجود اس بات کا انکار نہیں کیا جا سکتا کہ کاغذی کتاب اور کتب خانے کی اہمیت ہر دور میں رہی ہے اور رہے گی بھی۔ یہی سبب ہے کہ طباعتی ادارہ 'تعمیر پبلی کیشنز' کی جانب سے آن لائن پورٹل 'تعمیر نیوز' پر شائع شدہ منتخب تحریروں کو کتابی شکل میں طبع کرنے اور قومی و بین الاقوامی کتب خانوں میں ان کتب کو شامل کروانے کا منصوبہ بنایا گیا، تاکہ عہدِ حاضر کے قلمکاروں، رجحانات و موضوعات کو کاغذی صورت میں بھی محفوظ کیا جا سکے۔ اسی سلسلے میں متعدد ادیب، شعراء، صحافی و محققین کو بھی توجہ دلائی گئی ہے کہ بہت ہی کم خرچے پر اپنی تخلیق و تحقیق کو 'تعمیر پبلی کیشنز' کے ذریعے بین الاقوامی کتب خانوں اور بک اسٹورس تک پہنچانے کی طرف توجہ دیں۔ اپنی ریاست تلنگانہ کے چند معروف و مقبول اردو صحافیوں کو میں نے ذاتی طور پر اس جانب متوجہ کیا تو یحییٰ خان کے ساتھ سیف الدین نے بھی عملی دلچسپی ظاہر کی اور جس کے نتیجے میں یہ کتاب "سیف و قلم" منظرِ عام پر وارد ہو رہی ہے۔

یہ کتاب سیف الدین کے طویل صحافتی سفر کا ایک پڑاؤ سہی مگر یقین ہے کہ دیانت دارانہ صحافت کے کارزار میں ان کے بے باک قلم کا یہ سفر بلا جھجھک یونہی جاری و ساری رہے گا۔ نفس انبالوی کا یہ شعر ان پر یقیناً صادق آتا ہے:

اسے گماں ہے کہ میری اڑان کچھ کم ہے
مجھے یقیں ہے کہ یہ آسمان کچھ کم ہے

☆☆

کالم: ۱

مشرق وسطی کی صورتحال اور بین الاقوامی تیل مارکٹ

امریکہ اور ایران کے درمیان کشیدگی اور تلخ بیانی کے دوران امریکی وزیر خارجہ مائیک پامپیو نے سعودی عرب اور متحدہ عرب امارات کا دورہ کیا۔ انہوں نے جدہ میں خادم حرمین شریفین شاہ سلمان بن عبدالعزیز اور ولیعہد محمد بن سلمان سے علحدہ علحدہ ملاقات کی۔ بعد ازاں انہوں نے متحدہ عرب امارات میں ولیعہد محمد بن زائد النہیان سے بھی ملاقات کی۔ امریکی وزارت خارجہ کے ذرائع نے اخباری نمائندوں کو بتایا کہ اس دورہ کا مقصد خطہ میں جاری کشیدگی اور امریکہ ایران تنازعہ پر اتحادی ممالک کا اعتماد حاصل کرنا اور ان کے ساتھ مل کر خلیج فارس سے ہونے والی تیل کی تجارت کی حفاظت کو یقینی بنانا ہے۔

خلیج فارس میں مئی اور جون میں حوثیوں نے آئیل ٹینکرس پر دو مرتبہ حملے کئے۔ ۱۲ مئی کو کئے گئے حملے میں ایک اماراتی اور ایک ناروے اور دو سعودی ٹینکرس کو نشانہ بنایا گیا جب کہ ۱۳ جون کو دو ٹینکرس کو نشانہ بنایا گیا جس میں ایک جاپانی اور ایک ناروے کا ٹینکر شامل تھا۔

مشرق وسطی کی صورتحال اور خاص طور پر تیل کے ٹینکرس پر حملوں کا بین الاقوامی تیل مارکٹ پر اثر انداز ہونا لازمی ہے، جب ایران نے امریکی جاسوس ڈرون کو مار گرایا تو تیل کی قیمت میں تین فیصد تک کا اضافہ ریکارڈ کیا گیا تھا۔ تیل کی پیداوار اور برآمد کے لحاظ سے مشرق وسطی اس لئے بھی اہمیت کا حامل ہے کہ دنیا کے تقریباً ۲۰ فیصد تیل کی پیداوار اسی علاقہ میں ہوتی ہے۔ ایسے میں اس خطہ میں کشیدگی دنیا بھر میں تیل درآمد کرنے والے ممالک کے لئے باعث تشویش ہے۔

مذکورہ بالا صورتحال کے تناظر میں اور بین الاقوامی مارکٹ میں تیل کی قیمتوں میں اضافہ سے ہندوستان کو بھی تشویش لاحق ہے۔ ہندوستان نے ۲۰۱۸ء میں عراق، سعودی عرب، ایران، متحدہ عرب امارات، کویت، عمان اور قطر سے کل ۷۴ء۷ بلین امریکی ڈالر کا تیل درآمد کیا۔

تیل کی بڑھتی قیمتوں پر تشویش کا اظہار کرتے ہوئے ہندوستانی وزیر پٹرولیم دھرمیندر پرساد نے سعودی وزیر توانائی تیل و معدنی وسائل خالد الفالح سے فون پر بات چیت کی اور ان سے درخواست کی کہ OPEC میں اپنا اثر ورسوخ استعمال کرتے ہوئے تیل کی قیمتوں پر قابو رکھنے میں اپنا رول ادا کریں۔ قبل ازیں ہندوستانی وزیر پٹرولیم نے اماراتی وزیر اور ابوظہبی نیشنل آئیل کمپنی (ADNOC) کے سی ای او سلطان احمد الجابر سے بھی بات کی۔ انہوں نے ہندوستان کو تیل اور ایل پی جی کی بلا رکاوٹ سربراہی کا تیقن دیا۔ ہندوستان کو تیل کی ضروریات کی تکمیل کے لئے مختلف ممالک سے ۸۳ فیصد درآمدات پر انحصار کرنا پڑتا ہے۔ گھریلو پکوان گیاس کی تقریباً نصف ضروریات درآمدات سے ہی تکمیل پاتی ہیں۔

بین الاقوامی مارکیٹ میں تیل کی قیمت میں اضافہ سے عالمی سطح پر اقتصادی ترقی میں رکاوٹ پیدا ہوتی ہے۔ اسی تناظر میں تازہ ترین صورتحال کا جائزہ لینے کے لئے پٹرول برآمد کرنے والے ممالک کی تنظیم Organization of Petroleum Exporting Countries اور اس کے اتحادیوں کا گروپ جو OPEC Plus کہلاتا ہے اس کا اجلاس یکم اور ۲ جولائی کو منعقد شدنی ہے۔ امید کی جارہی ہے کہ اس اجلاس میں مشرق وسطی کی تازہ ترین صورتحال سے تیل کی مارکیٹ پر ہونے والے اثرات اور تیل کی قیمتوں پر تبادلہ خیال کیا جائے گا۔ OPEC ممالک میں روزانہ تیل کی پیداوار میں اضافہ پر بھی غور کیا جاسکتا ہے۔

اسی دوران اس ہفتہ بھی ایران نواز حوثی باغیوں نے سعودی عرب پر حملوں کا سلسلہ جاری رکھا۔ پیر کو ابھاء ہوائی اڈے پر کئے گئے راکٹ حملے میں ایک شامی شہری ہلاک اور ۲ افراد زخمی ہوگئے۔ زخمیوں میں (۱۳) سعودی، چار ہندوستانی، دو مصری اور دو بنگلہ دیشی شہری شامل ہیں۔ ان میں دو بچے

اور دو خواتین بھی شامل ہیں۔ اس سے قبل ۱۲ جون کو کئے گئے حملے میں ۲۶ افراد زخمی ہوئے تھے۔ حوثی باغیوں نے ابھاء ہوائی اڈے کو Soft target کے طور پر دو مرتبہ حملے کا نشانہ بنایا۔ ابھاء سعودی عرب کا ایک خوبصورت ہل اسٹیشن ہے جہاں شدید گرما میں بھی موسم نہایت ہی خوشگوار رہتا ہے۔ نہ صرف سعودی عرب کے مختلف شہروں بلکہ دیگر خلیجی ممالک سے بھی سیاح بڑی تعداد میں ابھاء کا رخ کرتے ہیں۔

حوثی باغیوں نے اس ہوائی اڈے پر ایسے وقت حملہ کیا جب کہ خلیجی ممالک میں موسم گرما عروج پر ہے اور تمام اسکولس گرمائی چھٹیوں کی وجہ سے بند ہیں۔ ان دنوں میں ابھاء سیاحوں کی آمد ورفت کا مرکز بن جاتا ہے۔ ایسے میں اس ہوائی اڈے پر حملہ کر کے عام شہریوں، بچوں اور خواتین کو نشانہ بنانا قابل مذمت ہے۔

خادم حرمین شریفین شاہ سلمان بن عبد العزیز کی زیر صدارت جدہ میں منعقدہ اجلاس میں سعودی کابینہ نے ابھاء ہوائی اڈے پر کئے گئے حملے کو جنگی جرائم قرار دیا۔ کابینہ میں امریکہ، برطانیہ، متحدہ عرب امارات اور سعودی عرب کے مشترکہ بیان کا خیر مقدم کیا گیا جس میں حوثیوں کی کارروائی پر تشویش کا اظہار کیا گیا۔ اردن، شام، افغانستان، جیبوتی، بحرین، مصر اور کویت نے ابھاء ہوائی اڈے پر حملے کو دہشت گردانہ حملہ قرار دیتے ہوئے اس کی مذمت کی۔ ان ممالک نے دہشت گردی سے نمٹنے اور امن وامان کی برقراری کے لئے سعودی عرب کے تمام اقدامات کی تائید وحمایت کا اعلان کیا۔

اسی دوران بحرین میں منعقدہ دو روزہ چوٹی کانفرنس اختتام پذیر ہوئی۔ اس کانفرنس کو مخاطب کرتے ہوئے سعودی وزیر فینانس محمد الجادان نے کہا کہ سعودی عرب ہر اس معاشی منصوبہ کی تائید کرے گا جس کا مقصد فلسطینیوں کی خوشحالی ہو۔ کانفرنس کے آخری دن اپنے خطاب میں وزیر موصوف نے کہا کہ سعودی عرب کئی دہائیوں سے فلسطین کا زبردست حامی رہا ہے۔ انہوں نے مزید کہا کہ وہ امریکہ کے مجوزہ معاشی منصوبے سے کافی پر امید ہیں۔

متحدہ عرب امرات کے نائب وزیر مالی امور حمید الطائر نے کہا کہ ہمیں مجوزہ منصوبہ کو ایک موقع ضرور دینا چاہئے۔ بحرین کے وزیر خارجہ نے دو ملکی حل کی ضرورت کا اعادہ کیا تاہم مجوزہ منصوبہ کو ایک ایسا موقع قرار دیا جسے کھونا نہیں چاہئے۔

امریکی صدر ڈونالد ٹرمپ کے داماد اور ان کے مشیر جارد کشنر نے کانفرنس میں صدی کے معاہدے کی تفصیلات پیش کیں۔ دس سالہ منصوبہ پر محیط اور پچاس بلین ڈالر کی سرمایہ کاری پر مشتمل اس منصوبے کے تحت فلسطینی علاقوں، مشرقی کنارہ اور غزہ میں ۲۸ ملین ڈالر کی سرمایہ کاری کی پیشکش کی گئی ہے۔ اسی طرح اردن کے لئے ۷ء۵ بلین ڈالر مصر کے لئے ۹ بلین ڈالر اور لبنان کے لئے ۶ بلین ڈالر کی سرمایہ کاری کی بات کہی گئی ہے۔

کانفرنس کے اختتام پر پریس کانفرنس سے خطاب کرتے ہوئے جارد کشنر نے کہا کہ فلسطین کی جانب سے مجوزہ منصوبہ کو مسترد کئے جانے کے باوجود اس منصوبے سے پر امید ہیں۔ انہوں نے فلسطینیوں سے کہا کہ وہ اس منصوبے کو مزید بہتر بنانے میں امریکہ کی مدد کرسکتے ہیں اور اس کے لئے دروازہ ہمیشہ کھلا رہے گا۔ انہوں نے انکشاف کیا کہ اس منصوبہ میں سیاسی امور بھی شامل ہیں لیکن مناسب وقت پر اس کا انکشاف کیا جائے گا۔

☆☆☆ شائع شدہ: روزنامہ اعتماد ۳۰/ جون ۲۰۱۹

کالم: ۲

امریکہ کی دھمکیوں کے باوجود ایران جوہری پروگرام آگے بڑھانے پر اٹل

اس ہفتہ ایران نے اپنے جوہری پروگرام کے تحت یورانیم کی افزودگی میں اضافہ اور ۲۰۱۵ میں کئے گئے ایٹمی معاہدہ کی شق میں طے شدہ حد کو تجاوز کرنے کا اعلان کیا تو اس سے ایران اور امریکہ کے درمیان مزید کشیدگی پیدا ہوگئی۔ چہار شنبہ کو صدر ایران حسن روحانی نے یہ اعلان کر کے کشیدگی میں مزید اضافہ کر دیا کہ " ہمیں جس قدر ضرورت ہوگی اور جتنی طلب ہوگی ہم اس میں اضافہ کریں گے۔"

اول الذکر اعلان سے پہلے ہی بپھرے ہوئے امریکی صدر ڈونالڈ ٹرمپ نے ایران کے تازہ ترین اعلان پر جارحانہ رد عمل ظاہر کیا ہے۔ یورانیم کی افزودگی میں اضافہ پر ایران کو سنگین نتائج کا انتباہ دیتے ہوئے ٹرمپ نے کہا تھا کہ ایران آگ سے کھیل رہا ہے۔ اب دوسرے اعلان پر ٹرمپ نے ٹوئیٹ کر کے ایران کو پھر انتباہ دیا کہ وہ اپنی دھمکیوں میں احتیاط سے کام لے، ورنہ ایران کو ایسا نقصان اٹھانا پڑے گا کہ سابق میں اس کی کوئی نظیر نہیں ملے گی۔ ایران کے اعلان پر یوروپی یونین میں خارجہ امور کی سربراہ فیڈریکا موگرینی نے برطانیہ، فرانس اور جرمنی کے وزرائے خارجہ کے ساتھ ایک مشترکہ بیان میں کہا کہ وہ ایران کو اس بات کے لئے راضی کرانے کی کوشش کریں گے کہ وہ ۲۰۱۵ کے جوہری معاہدہ کی پاسداری و پابندی کرے۔

امریکہ اور ایران کے درمیان بڑھتی کشیدگی کے دوران برطانیہ نے واضح کر دیا کہ وہ ایران کے

خلاف کسی بھی حملے میں شامل نہیں ہو گا۔

موجودہ حالات کے تناظر میں امریکہ پوری کوشش کرے گا کہ ایران پر زیادہ سے زیادہ دباؤ ڈالے۔ آنے والے دنوں میں اس بات کا بھی پتہ چل جائے گا کہ آیا امریکہ کے حلیف ممالک ایران کے خلاف کسی کارروائی کی صورت میں امریکہ کا ساتھ دیں گے یا پھر برطانیہ کی طرح خود کو امکانی کارروائی یا حملے سے دور رکھیں گے۔

۲۰۱۵ کے جوہری معاہدہ سے امریکہ نے پچھلے سال خود کو الگ کر لیا۔ تب اس کے رد عمل کے طور پر ایران نے ۸ مئی کو اعلان کیا کہ وہ معاہدہ کی دو اہم شقوں کا پابند نہیں رہا۔ ایران نے اس معاہدہ کے دیگر فریق ممالک جرمنی، چین، فرانس، روس اور برطانیہ سے خواہش کی کہ وہ امریکی پابندیوں سے بچنے میں ایران کی مدد کریں لیکن امریکہ اپنے حلیف ممالک کے ذریعہ ایران پر ہر طرح سے دباؤ ڈالنے کی کوشش کرے گا۔

پہلے سے ہی عائد کردہ پابندیوں کے باعث معاشی طور پر ایران کی کمر ٹوٹ چکی ہے۔ ایسے میں اس ملک پر مزید پابندیاں عائد کی جاتی ہیں تو اس کی مصیبتوں میں مزید اضافہ ہی ہو گا۔ سابقہ پابندیوں کی وجہ سے ایران اپنا تیل دیگر ممالک کو آزادانہ طور پر فروخت نہیں کر سکتا۔ موجودہ پابندیوں سے ایران کتنا متاثر ہوا ہو گا اس کا اندازہ اس بات سے بخوبی لگایا جاسکتا ہے کہ ایران کی تیل بر آمدات اپریل ۲۰۱۸ میں ۲ء۵ ملین بیارل فی یوم ہوا کرتی تھی، لیکن اب پابندیوں کی وجہ سے یہ مقدار گھٹ کر صرف ۰ء۳ ملین بیارل رہ گئی ہے جو جون ۲۰۱۹ میں ریکارڈ کی گئی۔

تیل کی بر آمدات ایران کی معیشت میں ریڑھ کی ہڈی کی مانند ہیں۔ ایران پہلے ہی سے پابندیوں کو جھیل رہا ہے۔ ایسے میں آنے والے وقت میں ہی پتہ چلے گا کہ کیا ایران مزید پابندیوں کا سامنا کر پائے گا۔

امریکہ اور ایران کی جانب سے ایک دوسرے کے خلاف بیانات اور جوابی بیانات سے مشرق وسطی میں کشیدگی بڑھ گئی ہے۔ ایسے ماحول میں کسی بھی فریق کی جانب سے کسی بھی قسم کے جارحانہ

اقدامات حالات کو مزید بگاڑنے کا کام کریں گے۔ وقت کی اہم ترین ضرورت یہ ہے کہ دونوں ہی فریق کے حلیف ممالک اور یوروپی یونی دونوں ممالک تو انتہائی صبر و تحمل سے کام لینے کے لئے راضی کریں اور بات چیت کے ذریعہ مسئلہ کو حل کرانے کی کوشش کریں۔

موجودہ حالات کے پس منظر میں صدر ایران حسن روحانی کا یہ بیان کافی اہمیت کا حامل ہے کہ ایٹمی معاہدہ کے دیگر فریقین بہتر رویہ اختیار کریں اور تحدیدات میں نرمی کرتے ہوئے بات چیت کے لئے تیار ہو جائیں تو یورانیم افزودگی کی حد میں اضافہ کرنے کے اقدام سے گریز بھی کیا جاسکتا ہے۔ ایرانی صدر کا یہ بیان یقیناً خوش آئند ہے۔ اس موقع سے فائدہ اٹھاکر دیگر فریق ممالک ایران اور امریکہ کو بات چیت کے لئے راضی کروالیں تو کشیدہ حالات کو بحال کرنے کی جانب بڑا اقدم ہوگا۔

دونوں ممالک کو راضی کروانے کے عمل کے دوران اس بات کو بھی ذہن میں رکھنا ہوگا کہ امریکی صدر ڈونالڈ ٹرمپ نے پچھلے جمعہ کو ایران پر حملہ کرنے کے سلسلہ میں اپنے قدم پیچھے ہٹائے تھے۔ ٹرمپ کے اس اقدام کے پس منظر میں صدر ایران کے بیان کو دیکھا جائے تو امید کی کرن نظر آتی ہے۔ دونوں کے فریق ممالک کو اس موقع سے فائدہ اٹھاکر دونوں ہی ممالک کو سمجھانے کی حتی المقدور کوشش کرنی چاہیے۔

اس سلسلہ میں ڈونالڈ ٹرمپ کا یہ تازہ ترین بیان بھی بہت اہمیت کا حامل ہے کہ امریکہ دوسرے ممالک میں پولیس کا رول ادا کرنا نہیں چاہتا۔ انہوں نے افغانستان کے تناظر میں یہ بیان دیا لیکن پھر بھی یہ ایک خوش آئند بیان ہے جس کا خیر مقدم ہونا چاہیے۔

اسی دوران ویانا میں منعقدہ خام تیل پیدا کرنے والے بڑے ممالک کی تنظیم اوپیک اور اس کے حلیف ممالک اوپیک پلس کے اجلاس میں خام تیل کی پیداوار کے کوٹہ میں کمی کے سابقہ معاہدہ کی مزید ۹ ماہ کے لئے توسیع کر دی گئی۔ تیل کی عالمی منڈی میں توازن پیدا کرنے کے لئے درکار وقت کو مد نظر رکھتے ہوئے یہ فیصلہ کیا گیا۔

اوپیک اور اوپیک پلس ممالک نے ۲۰۱۷ سے تیل کی پیداوار میں کمی کا سلسلہ شروع کیا تھا۔ جس میں

پچھلی جنوری میں ۶ ماہ کی توسیع کی گئی تھی جو ۳۰ جون کو ختم ہو گی۔ ۶ ماہ کی میعاد کے اختتام پر اس ہفتہ منعقدہ اجلاس میں اس معاہدہ میں مزید ۹ ماہ کی توسیع کرتے ہوئے مارچ ۲۰۲۰ تک تیل کی پیداوار کے موجودہ کوٹہ کو ہی برقرار رکھنے کا فیصلہ کیا گیا۔

اس اجلاس میں بین الاقوامی منڈی میں تیل کی رسد اور تیل کی قیمتوں میں کمی کو روکنے کے بارے میں تبادلہ خیال کیا گیا۔

ایران پر پابندی کے بعد جاریہ سال کے آغاز سے اب تک عالمی منڈی میں تیل کی قیمت میں تقریباً ۲۵ فیصد اضافہ ریکارڈ کیا گیا۔

چین اور امریکہ کے درمیان تجارتی رسہ کشی کے باعث عالمی منڈی میں تیل کی مانگ میں کمی کے خوف سے اوپیک ممالک کو درپیش چیالنجس میں مزید اضافہ ہو گیا تھا۔ امریکی صدر ڈونالڈ ٹرمپ اور ان کے چینی ہم منصب ژی جن پنگ کی اس ہفتہ ہوئی ملاقات میں دونوں قائدین نے تجارتی کشیدگی کو دور کرنے پر اتفاق کیا۔ ٹرمپ نے اعلان کیا کہ چین سے امریکہ آنے والی ۳۵۰ بلین ڈالر کی برآمدات پر عائد ہونے والے ٹیکس میں کوئی اضافہ نہیں کیا جائے گا۔ ان کا یہ اعلان بھی تجارتی حلقوں کے لئے خوش آئند ہے کہ امریکی کمپنیوں کو ہواوی کو ریائی ٹکنالوجی فروخت کرنے کی اجازت دی جائے۔ ادھر چین نے بھی اعلان کیا کہ وہ امریکی زرعی مصنوعات کی خریداری کو جاری رکھے گا۔ اوپیک کے اجلاس سے قبل جی ۲۰ اجلاس کے موقع پر سعودی ولی عہد شہزادہ محمد بن سلمان اور صدر روس ولادیمیر پوٹین کی ملاقات میں تیل کی پیداوار کے کوٹہ میں کمی کے معاہدہ کی توسیع پر اتفاق کرلیا گیا۔ اوپیک اور اوپیک پلس کے اہم ترین ارکان سعودی عرب اور روس کے قائدین کی اعلی سطحی ملاقات میں لئے گئے فیصلے نے اوپیک کے اجلاس سے قبل ہی اس بات کا اشارہ کر دیا تھا کہ اس معاہدہ میں ۹ ماہ کی توسیع کر دی جائے گی۔

تیل پیدا کرنے والے بڑے ممالک کی تنظیم اوپیک کے ۱۴ رکن ممالک میں الجیریا، انگولا، ایکواڈور ایکیویٹوریل گائنا، گابون، ایران، عراق، کویت، لیبیا، نائجیریا، جمہوریہ کانگو، سعودی عرب،

متحدہ عرب امرات اور وینزولہ شامل ہیں ۔ اس کے حلیف اوپیک پلس کے دس ممالک روس، میکسیکو، قزاقستان، آزربائی جان، بحرین، برونائی، ملائشیا، عمان، سوڈان اور جنوبی سوڈان ہیں۔

اوپیک اور اوپیک پلس ممالک کے درمیان تعاون کے ایک چارٹر کو اس اجلاس میں قطعیت دی گئی۔ سعودی وزیر تیل خالد الفالح نے اسے تاریخی چارٹر قرار دیا کیونکہ یہ دنیا میں تیل پیدا کرنے والے تقریباً تمام ممالک کے درمیان تعاون سے عالمی منڈی میں تیل کی قیمتوں میں استحکام پیدا کرنے میں معاون ہو گا۔

سعودی عرب ۲۰۱۷ تک دنیامیں سب سے زیادہ خام تیل پیدا کرنے والے ممالک میں سر فہرست ہو گیاجب کہ امریکہ ۱۲ فیصد اور روس ۱۱ فیصد حصہ داری سے علی الترتیب دوسرے اور تیسرے نمبر پر رہے۔ تیل کی پیداوار میں امریکہ کی خود مختاری کے بعد اوپیک ممالک نے روس سے تعاون حاصل کرنا ضروری سمجھا لہٰذا اوپیک پلس کی تشکیل عمل میں آئی۔

اوپیک میں سعودی عرب کے مرکزی رول کی وجہ سے پہلے سے ہی فکر مند ایران اب روس اور سعودی عرب کے درمیان قربت کے باعث تنہا محسوس کرنے لگا ہے۔

☆☆☆ شائع شدہ: روزنامہ اعتماد ۷/جولائی ۲۰۱۹

کالم: ۳

سعودی آرامکو کی ہندوستانی کمپنیوں میں دلچسپی

امریکہ اور ایران کے درمیان کشیدگی کا سلسلہ طول پکڑتا ہی جارہا ہے۔ پچھلے مہینے خلیج عمان میں تیل بردار جہازوں پر حملوں کے سبب دونوں ممالک کے درمیان کشیدگی میں اضافہ کے بعد اس ماہ جبرالٹر میں ایرانی تیل بردار جہاز کو روک لیا گیا تو ایران نے جوابی کارروائی کرتے ہوئے آبنائے ہرمز میں برطانوی پرچم بردار جہاز پر قبضہ کرتے ہوئے اسے ایران کے ساحل پر لنگر انداز ہونے پر مجبور کیا۔ متذکرہ بالا واقعات کے بعد برطانیہ نے خلیج میں تیل بردار جہازوں کی حفاظت کے لئے اپنی افواج کو روانہ کیا تو دوسری جانب ایران نے دھمکی دی کہ سمندر میں اگر ایرانی جہازوں کی آمد و رفت میں رکاوٹ پیدا کی گئی تو کسی اور ملک کے جہاز کو بھی یہاں سے گذرنے نہیں دیا جائے گا۔ ان سارے واقعات کے درمیان ہندوستان خلیجی ممالک سے درآمد کئے جانے والے تیل کے لئے کافی فکر مند ہے ۔ ہندوستانی وزیر پٹرولیم دھرمیندر پرسادنے پچھلے ماہ سعودی عرب اور متحدہ عرب امارات کے متعلقہ وزراء سے فون پر بات چیت کی اور دونوں نے ہندوستان کو بلا کسی رکاوٹ تیل کی سربراہی کا تیقن دیا۔

ہندوستان اور سعودی عرب کے درمیان تجارتی تعلقات بہت ہی مضبوط ہیں۔ سعودی ولیعہد شہزادہ محمد بن سلمان نے فروری میں اپنے دورہ ہند کے موقع پر ہندوستان میں انفارمیشن ٹکنالوجی، توانائی، پٹروکیمیکلز، انفراسٹرکچر زراعت اور دیگر شعبوں میں ۱۰۰ بلین ڈالر کی سرمایہ کاری کا اعلان کیا تھا۔ سعودی عرب ہندوستان میں بڑے پیمانے پر مختلف شعبوں میں سرمایہ کاری میں دلچسپی رکھتا ہے۔

تیل کے شعبہ میں دو اہم ترین پراجکٹس پر دونوں ممالک کی جانب سے زبردست پیش رفت ہوئی ہے۔ سعودی عرب کی تیل کی مشہور و معروف کمپنی سعودی آرامکو ہندوستان میں مکیش امبانی کی کمپنی ریلائنس انڈسٹریز میں سرمایہ کاری کے لئے چند سال سے کوشاں ہے۔ اخباری اطلاعات کے مطابق ریلائنس انڈسٹریز نے سعودی آرامکو کو (۲۰) فیصد تک کی شراکت داری کی پیشکش کی ہے۔ لیکن سعودی آرامکو (۲۵) فیصد کی حصہ داری حاصل کرنا چاہتی ہے۔ حال ہی میں ایسی خبریں بھی آئیں کہ دونوں کمپنیوں کے درمیان شراکت داری کا کوئی حتمی فیصلہ نہ ہونے کی وجہ سے بات چیت رک گئی ہے لیکن اس ہفتہ سعودی وزیر توانائی خالد الفالح نے نئی دہلی میں ہندوستانی وزیر پٹرولیم دھرمیندر پردھان سے ملاقات کی اور کہا کہ آرامکو اور ریلائنس کے درمیان بات چیت کے دروازے ابھی بند نہیں ہوئے ہیں۔ دونوں کمپنیوں کے درمیان بات چیت رک جانے کی خبروں کی تردید کرتے ہوئے انہوں نے کہا کہ دونوں کمپنیاں بہت ہی خیر سگالی کے ساتھ بات چیت میں آگے بڑھ رہی ہیں۔

ریلائنس انڈسٹریز کی ربع یا پچیس فیصد تک شراکت داری کے حصول کے لئے سعودی آرامکو اور ریلائنس انڈسٹریز کے درمیان تقریباً دو سال قبل ہی بات چیت کا آغاز ہوا تھا لیکن کچھ عرصہ قبل ہندوستانی میڈیا میں ایسی خبریں آئیں کہ دونوں کمپنیوں کے درمیان گفتگو رک گئی ہے کیوں کہ اس معاہدے کی نوعیت پر دونوں کمپنیز متفق نہیں ہو پائے۔ ریلائنس انڈسٹریز کے مالک مکیش امبانی ایشیا کے امیر ترین شخص مانے جاتے ہیں اور جام نگر میں واقع ان کی کمپنی یومیہ ۱ء۴ ملین بیارل تیل کی پراسیسنگ کی حامل ہے۔ اسے دنیا کا سب سے بڑا Oil Refining Complex مانا جاتا ہے۔ سعودی آرامکو مارکٹس کو نشانہ بناتے ہوئے بیرونی ممالک میں پٹرولیم، آئیل ریفائننگ اور پٹروکیمیکلس کے شعبوں میں بڑے پیمانے پر سرمایہ کاری میں دلچسپی رکھتی ہے۔ اسی ضمن میں سعودی آرامکو نے پچھلے سال ہندوستان کی تین بڑی تیل کمپنیوں اور متحدہ عرب امارات کی ابوظہبی نیشنل آئیل کمپنی (ADNOC) کے ساتھ مل کر مہاراشٹر میں دنیا کی سب سے بڑی ریفائنری قائم

کرنے کا منصوبہ بنایا۔

رتنا گیری ریفائنری اینڈ پٹرو کیمیکلس لمٹیڈ(RRPCL) ۴۴ بلین ڈالر کی سرمایہ کاری سے تیار ہونے والی عالمی معیار کی ریفائنری ہوگی۔ ساحل سمندر سے قربت کے باعث دنیا کے مختلف ممالک سے تیل کی درآمد اور برآمد میں آسانی ہوگی۔ ہندوستانی کمپنیوں انڈین آئیل کارپوریشن، ہندوستان پٹرولیم کارپوریشن لمٹیڈ اور بھارت پٹرولیم کارپویشن مشترکہ طور پر اس پراجکٹ کے نصف شراکت دار ہوں گے جب کہ سعودی آرامکو اور ADNOC کی مشترکہ طور پر پچاس فیصد کی شراکت ہوگی۔ دسمبر ۲۰۱۵ء میں اس پراجکٹ کا اعلان کیا گیا تھا لیکن ضلع رتنار گری کے کسانوں کی جانب سے اراضیات کی حوالگی میں تاخیر اور اس پراجکٹ کی مخالفت میں بڑے پیمانے پر احتجاج اور اس پراجکٹ کو کہیں اور منتقل کرنے کے مطالبات کی وجہ سے یہ پراجکٹ غیر یقینی صورتحال کا شکار ہوگیا۔ تاہم اس ریفائنری کے آغاز سے ملک اور خاص کر ریاست مہاراشٹر اور ضلع رتنا گری کے شہریوں کو روزگار کے کئی مواقع فراہم ہوں گے۔ مرکزی وزیر پٹرولیم و قدرتی گیاس دھرمیندر پردھان نے پچھلے اتوار صدر شیو سینا ادھو ٹھاکرے سے ممبئی میں ان کے گھر ماتوشری میں ملاقات کی۔ حالانکہ وزیر موصوف نے اس ملاقات کو محض ایک خیر سگالی ملاقات قرار دیا اور کہا کہ اس ملاقات میں مہاراشٹر کی ترقی اور خوشحالی کے لئے متحدہ طور پر کام کرنے کے امکانات پر تبادلہ خیال کیا گیا لیکن سمجھا جارہا ہے کہ انہوں نے ادھو ٹھاکرے کو اس ریفائنری کی مخالفت سے دستبردار ہونے کے لئے منانے کی کوشش کی۔ اس ملاقات کے بعد دونوں ہی فریقین نے کوئی باضابطہ بیان نہیں دیا۔ اس ملاقات کے موقع پر ادھو ٹھاکرے کے گھر پر موجود مہاراشٹر کے وزیر صنعت نے دونوں قائدین کے درمیان ہوئی گفتگو سے لاعلمی کا اظہار کرتے ہوئے کہا یہ ملاقات خفیہ تھی اور وہ بات چیت کے وقت وہاں موجود نہیں تھے۔

چیف منسٹر مہاراشٹر دیویندر فڈنویس نے پچھلے سال کہا تھا کہ عوامی مخالفت کے پیش نظر حصول اراضیات کی کارروائی کو روک دیا گیا تھا۔ رائے گڑھ کے کسانوں نے اس پراجکٹ کی مخالفت کی تو بی

جے پی اور شیو سینا قائدین بھی ان کی تائید میں اتر آئے۔ مخالفت کے پیش نظر حکومت مہاراشٹر نے اس پراجکٹ کو رتنا گری سے رائے گڑھ منتقل کرنے کے بارے میں سنجیدگی سے غور کر رہی ہے یہ مہاراشٹر انڈسٹریل ڈیولپمنٹ کارپوریشن کے ذریعہ ریاستی حکومت مالکین اراضیات سے ان کے اراضیات حاصل کرے گی۔ اس پراجکٹ کے لئے تقریباً دس ہزار ایکر اراضی درکار ہوگی۔ جب یہ ریفائنری تیار ہو جائے گی تو اسے سالانہ ۱ء۲ ملین بیارل خام تیل اور ۱۸ ملین ٹن پٹرو کیمیکلس کی پیداوار کی امید کی جارہی ہے۔ تقریباً ڈیڑھ لاکھ افراد کو راست اور بالواسطہ طور پر روزگار حاصل ہوگا۔ اس ریفائنری کی تعمیر مکمل کرکے ۲۰۲۲ء میں پیداوار شروع کرنے کا ہدف مقرر کیا گیا تھا لیکن رتنا گیری کے کسانوں کی مخالفت کے پیش نظر اس کے آغاز کے نشانہ کو ۲۰۲۲ سے آگے بڑھا کر ۲۰۲۵ کر دیا گیا ہے۔ مختلف وجوہات کی بناء پر اس ریفائنری کے آغاز میں تاخیر تو ہوگی لیکن حکومت ہند اور سعودی آرامکو اس پراجکٹ میں غیر معمولی دلچسپی رکھتے ہیں۔ اس ریفائنری کے آغاز سے ایک جانب ہندوستان تیل کی پیداوار میں خود مکتفی ہوگا تو دوسری جانب کئی افراد کو روزگار کے نئے مواقع فراہم ہوں گے۔ اس سے ریاست مہاراشٹر کی ترقی بھی ہوگی اور وہاں خوشحالی بھی آئے گی۔ سعودی آرامکو اگر رتنا گیری آئیل ریفائنری اور ریلائنس انڈسٹریز کے ساتھ اپنی شراکت داری کے معاہدوں کو قطعیت دیتی ہے تو یہ بلاشبہ ہند سعودی تجارت اور دونوں ممالک کے درمیان اسٹریٹجک تعلقات کے ایک نئے باب کا آغاز ہوگا۔

☆☆☆ شائع شدہ: روزنامہ اعتماد ۴/اگست ۲۰۱۹

کالم: ۴

حجاب ٹوٹ رہے ہیں مگر حجاب کے ساتھ

وقت کے ساتھ تبدیلیوں کا رونما ہونا ایک فطری عمل ہے۔ سعودی عرب میں پچھلے چند سالوں سے مختلف شعبوں میں پیشرفت اور تیز رفتار ترقی کے ساتھ یہاں کئی تبدیلیاں بھی نظر آ رہی ہیں۔ خواتین کے حقوق اور مختلف شعبوں میں صنف نازک کے لئے نئے نئے مواقع بھی ان میں شامل ہیں۔

حال ہی میں خادم حرمین شریفین ملک سلمان بن عبد العزیز کے دستخط کے ساتھ جاری کردہ شاہی فرمان کے ذریعہ اب سعودی خواتین کو مختلف شعبوں میں مردوں کے شانہ بہ شانہ مواقع فراہم کئے گئے ہیں۔ شہری حقوق اور لیبر قوانین میں ترمیم کے بعد اب کئی امور میں مردوں اور خواتین کو یکساں حقوق حاصل ہوں گے۔

تازہ ترین شاہی فرمان کے مطابق اب سعودی خواتین بنا کسی مرد سرپرست یا محرم کے آزادانہ طور پر سفر کر سکتی ہیں اور کہیں بھی آ اور جا سکتی ہیں۔ ۲۱ سال کی عمر کے بعد متعلقہ محکمہ سے رجوع ہو کر خود اپنا پاسپورٹ حاصل کر سکتی ہیں۔ خاندان کے سرپرست کے طور پر ماں اور باپ دونوں کے نام شامل ہوں گے۔ گھر میں کسی بچہ کی پیدائش یا کسی کی موت کے سرکاری محکمہ میں اندراج کروانے کا حق اب تک صرف مرد سرپرست کو حاصل تھا لیکن اب یہ حقوق خواتین کو بھی حاصل ہوں گے۔

دراصل اس حکم نامہ کے ذریعہ مختلف امور میں مردوں اور خواتین کے فرق کو ختم کرتے ہوئے دونوں کو یکساں حقوق دیئے گئے ہیں۔ اب سرپرست کی ضرورت نابالغ کو ہوگی اور اس میں بھی بچوں

کے سرپرست کے طور پر ماں اور باپ دونوں کے نام درج ہوں گے۔ اب تک صرف مرد حضرات کو ہی صدر خاندان کا موقف حاصل تھا لیکن اب خواتین کو بھی یہی موقف دیا گیا ہے۔ اس طرح اب ماں اور باپ دونوں یکساں طور پر صدر خاندان کہلائیں گے۔

ترمیم شدہ شہری قوانین کے مطابق خواتین کو پیدائش اور اموات کے اندراج اور سرٹیفکیٹ حاصل کرنے کا حق ہوگا۔ اسی طرح بیوی اپنی شادی اور طلاق کا بھی متعلقہ محکمہ میں اندراج کرواسکے گی۔

لیبر قوانین میں ترمیم کے ذریعہ مردوں اور خواتین کے درمیان تفریق کو ختم کردیا گیا ہے۔ اب تک وظیفہ پر ملازمت سے سبکدوشی کے لئے مردوں کی عمر ۶۰ سال اور خواتین کی عمر ۵۵ سال مقرر تھی لیکن اب ایسی گنجائش پیدا کی گئی ہے کہ بلالحاظ عمر مرد و خواتین کی خدمات جب تک چاہیں حاصل کی جاسکتی ہیں۔ اس کے علاوہ ملازمین کے دیرینہ تجربہ کی بنیاد پر ان کی خدمات سے استفادہ کرنے کے لئے سرکاری ملازمین کو وظیفہ کی عمر کے بعد بھی خانگی شعبہ میں منتقلی کی گنجائش فراہم کی گئی ہے۔ خواتین کو ان کے حمل کے دوران ملازمت سے سبکدوش کرنا غیر قانونی ہوگا۔ بچہ کی پیدائش یا پھر دوران حمل پیچیدگی سے ہونے والے امراض کے علاج کے لئے خواتین کو سالانہ ۱۸۰ دن کی چھٹیوں کی گنجائش رکھی گئی ہے۔

لیبر اور شہری قوانین سے متعلق خواتین میں تازہ ترمیمات کو سعودی خواتین کی ترقی و پیشرفت میں بہت بڑا فیصلہ قرار دیا جارہا ہے۔ خواتین کے حقوق اور دیگر شعبوں سے منسلک سرکردہ خواتین نے ان ترمیمات اور شاہی فرمان کا زبردست خیر مقدم کیا ہے۔

سعودی سفیر برائے امریکہ شہزادی ریماء بنت بندر نے خوشی کا اظہار کرتے ہوئے کہا کہ ان ترمیمات کے بعد سعودی سماج میں خواتین کا مقام مزید مستحکم ہوگا۔

شاہی احکامات کے ذریعہ کی گئی ترمیمات و اصلاحات کو خواتین کو ڈرائیونگ لائسنس کے حصول اور کار چلانے کی اجازت کے بعد ایک اور بڑا اقدم سمجھا جارہا ہے۔

۲۴ جون ۲۰۱۸ء سعودی خواتین کے لئے تاریخی دن رہا کیونکہ اسی دن سے انہیں سعودی عرب کی

سڑکوں پر گاڑی چلانے کی اجازت مل گئی اور باضابطہ ڈرائیونگ لائسنس بھی جاری کئے جانے لگے۔ سعودی خواتین کو مختلف زمروں میں ملازمت کے مواقع فراہم کرنے کے لئے حکومت کی جانب سے مختلف اقدامات کئے گئے ہیں۔ اس میں خواتین کو ملازمت دینے والے آجرین کے لئے ترغیبات بھی شامل ہیں۔ یہی وجہ ہے کہ آج سعودی عرب میں تمام شعبوں میں خواتین نمایاں نظر آتی ہیں۔ یہاں تک کہ ریٹیل کے شعبہ میں بھی خواتین بڑی تعداد میں ملازمت کر رہی ہیں۔ اب کوئی بھی شعبہ ایسا نہیں رہا جس میں خواتین اپنی موجودگی کا احساس نہ دلاتی ہوں۔

خادم حرمین شریفین ملک سلمان بن عبدالعزیز کی قیادت اور ولیعہد شہزادہ محمد بن سلمان کی دور اندیشی پر مبنی ویژن ۲۰۳۰ کے تحت دیگر کئی شعبوں کے ساتھ ساتھ خواتین کی ترقی کے لئے مختلف اقدامات اور اہداف کو شامل کیا گیا ہے۔

سعودی عرب میں برسوں سے مقیم تارکین وطن یہاں پیش آنے والی کئی تبدیلیوں کے شاہد ہیں۔ پچیس تیس سال قبل کا دور ایسا تھا کہ یہاں خواتین سر تا پا سیاہ عبایہ (برقعہ) میں ملبوس نظر آتی تھیں لیکن وقت کی تبدیلیوں کے ساتھ ساتھ آج منظر بالکل بدل چکا ہے۔ آج یہاں ہر شعبہ میں اپنی موجودگی کا احساس دلانے والی خواتین اب بھی پردہ کرتی ہیں لیکن اتنا ضرور ہے کہ پردہ کی نوعیت میں کچھ تبدیلی آئی ہے۔ آج پردہ نے ہمہ رنگی اور ڈیزائنر برقعوں کی شکل اختیار کرلی ہے۔ اب خواتین کو پردہ کرنے کے لئے اپنے چہرہ کو ڈھانکنے کی بھی ضرورت نہیں رہی۔

سعودی خواتین کو مختلف شعبوں میں مستحکم اور خود مکتفی بنانے کے اقدامات پچھلے چند سالوں سے کئے جارہے ہیں لیکن سعودی خواتین اس سے قبل ہی پردہ کی مکمل پابندی کرتے ہوئے مختلف شعبوں میں کارہائے نمایاں انجام دے کر اپنی قابلیت کا لوہا منوا چکی ہیں۔

۲۰۱۳ء میں ۳۰ خواتین کو سعودی عرب کی مجلس شوریٰ میں شامل کیا گیا جب کہ ۲۰۱۵ء میں منعقدہ بلدی انتخابات میں خواتین کو ووٹ ڈالنے اور انتخابات میں حصہ لینے کا موقع حاصل ہوا۔ سعودی خواتین مملکت کے مختلف علاقوں میں پچیس ہزار سے زیادہ چھوٹی اور درمیانی سطح کی صنعتوں کی مالک

ہیں۔

ملازمت کے مختلف شعبوں میں خواتین کی تعداد میں مسلسل اضافہ ہو رہا ہے۔ ایک رپورٹ کے مطابق سرکاری تعلیم کے شعبہ میں ۸۶ فیصد خواتین موجود ہیں جب کہ طبی شعبہ میں ۴۰ فیصد خواتین پائی جاتی ہیں۔ بزنس میں بھی خواتین کافی سرگرم عمل ہیں۔ مملکت کے مختلف حصوں میں ۵۰ ہزار سے زیادہ تجارتی ادارے خواتین کے نام پر رجسٹرڈ ہیں، غرفہ تجاریہ (چیمبر آف کامرس) میں بھی ان کی نمائندگی قابل لحاظ ہے۔

ویژن ۲۰۳۰ کے تحت سعودی نوجوانوں کو تعلیم حاصل کرنے کے لئے اسپانسر کیا جاتا ہے۔ سرکاری اسکالر شپ پر ۶۰ ممالک میں ۳۵ ہزار سعودی لڑکیاں زیور تعلیم سے آراستہ ہو رہی ہیں۔ ویژن ۲۰۳۰ میں لیبر مارکٹ میں سعودی خواتین کی نمائندگی کو ۲۲ فیصد سے ۳۰ فیصد تک بڑھانے کا ہدف رکھا گیا ہے۔

اسی سال فروری میں شہزادی ریمابنت بندر کو سعودی سفیر برائے امریکہ مقرر کیا گیا ہے۔ وہ پہلی خاتون ہیں جنہیں کسی ملک میں سعودی عرب کا سفیر بنایا گیا ہے۔ لبنیٰ علیان سعودی عرب کے تجارتی منظر نامہ پر ایک بڑا نام ہے۔ علیان گروپ کی سی ای او کے طور پر سعودی عرب اور مشرق وسطیٰ میں گروپ کی سرگرمیوں کی ذمہ دار رہی ہیں۔ یکم مئی ۲۰۱۹ء تک وہ اس عہدہ پر فائز رہیں۔ ۲۰۰۵ سے ۲۰۱۴ء تک ٹائم میگزین کی ۱۰۰ طاقتور خواتین کی سالانہ فہرست میں متعدد بار ان کا نام شامل رہا ہے۔ اس گروپ کے تحت دنیا کی بڑی کمپنیوں کے اشتراک سے سعودی عرب میں ۴۰ بین الاقوامی کمپنیاں چلائی جاتی ہیں۔

راینا نشار پہلی سعودی خاتون ہیں جنہیں کسی بینک کی سی ای او کی اہم ترین ذمہ داری سونپی گئی ہو۔ وہ سامبا فینانشیل گروپ کی سی ای او مقرر کی گئیں۔ سامبا سعودی امریکن بینک کا مخفف ہے۔ اسی طرح سارہ سہیمی کو سعودی اسٹاک ایکسچینج کمپنی کے تداول کے بورڈ آف ڈائرکٹرس میں شامل کیا گیا۔

آج کے دور میں بین الاقوامی مسافرین کے لئے خاتون پائلٹ کوئی انوکھی بات نہیں ہے لیکن کسی سعودی لڑکی کا کمرشیل پائلٹ بننا بلاشبہ بڑی بات ہے۔ یاسمین المیمنی کو پہلی سعودی کمرشیل پائلٹ بننے کا اعزاز حاصل ہے ۔ سعودی عرب کی جنرل اتھاریٹی آف سیول ایویشن (GACA) سے ۲۰۱۴ء میں کمرشیل پائلٹ لائسنس حاصل کرنے والی کپتان یاسمین نے ۹ جون ۲۰۱۹ء کو حائل سے القسیم تک سعودی ایرلائنس کی پرواز اڑا کر سعودی عرب کی تاریخ میں ایک نئے باب کا اضافہ کردیا۔ اسی طرح سعودی خواتین دیگر کئی شعبوں میں اپنی کامیابی کے جھنڈے گاڑ رہی ہیں۔

سنہ ۲۰۱۹ میں سعودی عرب کی مختلف یونیورسٹیز میں زیر تعلیم طالبات کی تعداد طلباء سے زیادہ ریکارڈ کی گئی۔ ۲۰۰۸ء سے قبل سعودی خواتین کو کہیں بھی ملازمت کے لئے اپنے سرپرست (شوہر یا والد) سے اجازت حاصل کرنا لازم تھا لیکن ۲۰۰۸ء میں اس لزوم کو ختم کردیا گیا۔

سعودی حکومت نے ۲۰۱۲ء میں نئی پالیسی کا اعلان کیا جس کے تحت خواتین کے بیرون ملک سفر کرنے پر ان کے سرپرست کو موبائیل کے ذریعہ اس کی اطلاع مل جاتی تھی۔

مردوں کی سرپرستی دراصل کوئی قانون نہیں بلکہ یہ روایات کا حصہ ہے اور یہاں پر ایسے کئی واقعات پیش آئے جہاں مرد سرپرست کی عدم موجودگی کے باعث خواتین کو ناقابل بیان پریشانیوں کا سامنا کرنا پڑتا تھا۔ جولائی ۲۰۱۳ء میں الیہاء کے کنگ فہد ہاسپٹل میں سڑک حادثہ میں شدید طور پر زخمی خاتون کے ہاتھ کاٹنے کی نوبت آگئی تھی لیکن ڈاکٹرس نے اس ضروری عمل کو اس لئے انجام نہیں دیا کیونکہ اس خاتون کے ساتھ کوئی سرپرست موجود نہیں تھا۔ وہ اپنے شوہر کے ساتھ کار میں سفر کررہی تھیں کہ کار حادثہ کا شکار ہوگئی اور ان کے شوہر اس حادثہ میں فوت ہوگئے۔ ظاہر ہے ایسی حالت میں اس خاتون کو تنہا ہی ہاسپٹل میں شریک کروایا گیا تھا۔

سنہ ۱۹۹۰ء کی دہائی میں ریاض میں ایک واقعہ مشہور ہوا تھا اور مقامی اخبارات میں بھی اس کی تفصیلات شائع ہوئی تھیں۔ جدہ کی ساکن خاتون کو ویزہ کے حصول کے لئے امریکی سفارتخانہ میں

انٹرویو میں شرکت کرنا تھا۔ وہ خاتون اپنی لڑکی کے ساتھ ایک دن قبل جدہ سے ریاض پہنچ گئیں لیکن مرد سرپرست کی غیر موجودگی کے سبب ان کی لاکھ کوششوں کے باوجود کسی بھی ہوٹل میں قیام کرنے کے لئے کمرہ حاصل کرنے میں ناکام رہیں۔ آخر کار ان ماں بیٹی نے ایک ٹیکسی ڈرائیور کو راضی کروالیا اور کسی مقام پر کھڑا کر کے ساری رات اسی میں گزار دی۔

سعودی عرب میں ایک دور ایسا تھا جب بیرونی ممالک کے اخبارات ورسائل کی یہاں آنے سے قبل ہی تفصیلی جانچ کی جاتی تھی اور خواتین کی چھوٹی آستین والی تصاویر کو تک سیاہ کر دیا جاتا تھا لیکن آج زمانے نے ایسی کروٹ لی کہ سیٹلائٹ اور ڈش انٹینا کے ذیعہ دنیا بھر کے چینلس گھر بیٹھے دیکھے جاسکتے ہیں۔ ایک دور ایسا بھی تھا جب کسی عمارت پر ڈش انٹینا نصب کیا جاتا تو یہاں کی اسلامی پولیس (متوع) کے اہلکار اسے فوری نکال دیتے تھے۔ اب یہاں کے عالیشان مالس میں کئی ملٹی پلکس تھیٹرس اور بیرونی آرٹسٹس کے بڑے بڑے شوز کے ساتھ مختلف قسم کے اسپورٹس کی سرگرمیوں کو فروغ دیتے ہوئے سیاحت کو فروغ دیا جارہا ہے۔

خادم حرمین شریفین ملک سلمان بن عبدالعزیز اور ولیعہد شہزادہ محمد بن سلمان کی دور اندیشی کے نتیجہ میں سعودی خواتین کو زندگی کے ہر شعبہ میں مردوں کے شانہ بہ شانہ آگے بڑھنے کے مواقع فراہم کئے جارہے ہیں۔ امید ہے کہ مستقبل میں مزید خواتین سعودی سماج کے مختلف شعبوں میں کارہائے نمایاں انجام دے کر اپنی کامیابی کے جھنڈے گاڑ دیں گی۔

☆☆☆ شائع شدہ: روزنامہ اعتماد ۱۸؍ اگست ۲۰۱۹

کالم: ۵

بھگوا بریگیڈ، دیس تو کیا پردیس میں بھی سرگرم

بی جے پی، آر ایس ایس، وشوہندو پریشد سے منسلک مختلف ادارے اور تنظیمیں بیرونی ممالک میں ہندوتوا نظریات کو فروغ دینے میں مصروف ہیں۔ امریکہ، کینیڈا، برطانیہ سے لے کر خلیجی ممالک میں تک ہندوتوا طاقتیں زور و شور سے اپنی سرگرمیوں کو فروغ دے رہی ہیں۔

مختلف عرب ممالک کی جانب سے وزیر اعظم نریندر مودی کو دیئے گئے اعزازات پر اخبارت میں بہت کچھ لکھا گیا اور سوشیل میڈیا پر بھی خوب مباحث ہوئے۔

سفارتکاری اور سرکاری تعلقات سے پرے، زمینی سطح پر کئی ممالک میں بھگوا بریگیڈ کی سرگرمیاں زور و شور سے جاری ہیں۔

امریکہ میں آر ایس ایس کے بڑھتے اثرات اور وہاں کے سرکاری دفاتر میں ان کی سرگرمیوں پر حال ہی میں وہاں مقیم ہندوستانی اقلیتوں کی تنظیم آرگنائزیشن فار مائنارٹیز آف انڈیا (افمی) نے ایک رپورٹ جاری کرتے ہوئے انکشاف کیا کہ آر ایس ایس کی بین الاقوامی شاخ ہندو سوئم سیوک سنگھ (ایچ ایس ایس) نے امریکہ کی مختلف ریاستوں میں واقع کئی سرکاری دفاتر میں ہندو تہوار راکھی بندھن کے موقع پر نہ صرف کئی پروگرامس منعقد کئے بلکہ اعلی امریکی عہدیداروں کو بھی اس میں شامل کیا۔ مذکورہ رپورٹ کے مطابق آر ایس ایس کی بین الاقوامی شاخ نے ۹/ اگست سے اب تک ۱۷ سے زیادہ سرکاری دفاتر میں رکشا بندھن کے پروگرامس منعقد کئے۔ افمی نے آر ایس ایس کی ان سرگرمیوں کو امریکہ کے سرکاری دفاتر میں ہندوتوا طاقتوں کی راست دراندازی قرار دیا ہے۔

امریکہ ہندو سوئم سیوک سنگھ (ایچ ایس ایس) کے نام سے سرگرم آر ایس ایس کی بین الاقوامی شاخ کی جانب سے امریکہ کے مختلف ریاستوں کے پولیس اسٹیشنس اور محکمہ آتش فرو (فائر سرویس) کے دفاتر میں ان محکموں کے عہدیداروں اور کانگریسی اراکین پارلیمنٹ کو راکھی باندھتے ہوئے لی گئی تصاویر کو سوشل میڈیا پر وائرل کیا گیا تو کئی ہندوستانی نژاد امریکیوں نے تنقید کی اور سوشیل میڈیا پر غصہ کا اظہار کیا۔

امریکہ میں ایچ ایس ایس کے علاوہ ہندو نظریات کی حامل اور بھی تنظیمیں سرگرم عمل ہیں ان میں وشوہندو پریشد آف امریکی، اوورسیز فرینڈس آف بی جے پی وغیرہ قابل ذکر ہیں۔

یہاں کانگریسی رکن پارلیمنٹ اور صدارتی امیدوار تسلی گبارڈ کا تذکرہ بیجا نہ ہوگا جو اپنے کٹر ہندوتوا نظریات کے لئے جانی جاتی ہیں۔ انگریزی ماہنامہ کاروان نے اگست کے شمارہ میں شائع کور اسٹوری میں تلسی گبارڈ کو امریکہ میں ہندوتوا نظریات کا mascot قرار دیا۔ امریکہ میں ہندوتوا تنظیموں کے مسلسل مالی و جذباتی تعاون سے امریکہ کے سیاسی منظرنامہ پر تیزی سے ابھرنے والی ہندوستانی نژاد گبارڈ کے پچھلے صدارتی انتخابات کی مہم میں امریکہ کی تینوں ہندوتوا تنظیموں نے ہر طرح سے ان کا زبردست تعاون کیا۔ تلسی کے بارے میں یہ بھی کہا گیا کہ انہوں نے امریکی کانگریس کی رکن کے طور پر وہاں نریندر مودی کی امیج کو بہتر بنانے اور ان کے سفر امریکہ پر عائد پابندی کی برخستگی میں اہم رول ادا کیا۔

تلسی گبارڈ اگلے سال منعقد شدنی امریکی صدارتی انتخابات میں ڈیموکریٹک پارٹی کی امیدوار ہیں۔

ہندوتوا طاقتوں سے قربت کے بارے میں میڈیا کے سوالات پر تلسی اپنی وطن پرستی کے دلائل پیش کرتے ہوئے خود کو راست جواب دہی سے محفوظ کر لیتی ہیں۔ عملی سیاست میں قدم رکھنے سے قبل وہ امریکی فوج میں خدمات انجام دے چکی ہیں۔ انہوں نے ۲۰۰۴ سے ۲۰۰۵ تک اعراق میں اور ۲۰۰۸ تا ۲۰۰۹ کویت میں خدمات انجام دیں۔

امریکہ کے علاوہ برطانیہ، کینڈہ، اور یہاں تک کہ خلیجی ممالک میں بھی ہندوتوا طاقتیں سرگرم عمل

ہیں۔ پچھلے دو پارلیمانی انتخابات سے قبل ان ممالک سے بڑی تعداد میں تارکین ہند نے ہندوستان آکر نریندر مودی کی انتخابی مہم میں حصہ لیا تھا۔ قارئین کو یاد ہو گا کہ پچھلے پارلیمانی انتخابات سے قبل ریاض کی ایک مقامی ہوٹل میں منعقدہ بی جے پی ورکرس کے اجلاس کی تصاویر سوشیل میڈیا پر خوب وائرل کی گئی تھیں۔ کئی افراد نے اپنے غصہ کا اظہار کیا تھا تو چند افراد نے اسے افواہ قرار دیا تھا لیکن یہ ایک حقیقت ہے کہ بی جے پی، آر ایس ایس اور وشوا ہندو پریشد کی ذیلی تنظیمیں سرگرم ہیں۔

خلیجی ممالک میں بھی ہندوتوا طاقتیں اپنے نظریات کو فروغ دینے میں کتنی سرگرم ہو چکی ہیں اس کا اندازہ اس بات سے بخوبی لگایا جاسکتا ہے کہ سعودی عرب میں بھی یوگا کو حکومت کی سرپرستی حاصل ہو چکی ہے اور یوگا کو فروغ دینے کے لئے باضابطہ یوگا فاونڈیشن قائم کیا گیا ہے۔ ریاض میں واقع سفارتخانہ ہند میں ہندوستان سے یوگا ٹریز کا تقرر کیا گیا ہے اور سفارتخانہ کے زیر اہتمام تارکین ہند اور سعودیوں کے لئے وقفہ وقفہ سے یوگا کی تربیتی کلاسس بھی منعقد کی جاتی ہیں۔

سعودی عرب اور دیگر خلیجی ممالک میں انٹر نیشنل یوگا ڈے کے موقع پر بڑے پیانے پر پروگرام منعقد کئے جاتے ہیں۔ اسی سال یوگا ڈے کے موقع پر سفارت خانہ ہند کی جانب سے کنگ عبدالعزیز ہسٹاریکل سنٹر کے ماضی پارک میں یوگا کا پروگرام منعقد کیا گیا تھا جس میں سعودیوں نے بھی بڑی تعداد میں شرکت کی۔

اس پروگرام کے بعد بی جے پی کی تہذیبی و ثقافتی شاخ سمنویا (samanwaya) کی جانب سے ریاض کے وسیع و عریض فٹبال اسٹیڈیم میں بڑے پیانے پر پروگرام کا انعقاد عمل میں لایا گیا جس میں مختلف ممالک کے سفارتکاروں کے بشمول دو ہزار سے بھی زیادہ افراد نے شرکت کی۔

سعودی عرب میں مقیم تارکین ہند اکثر وقت گزاری کے لئے کسی بھی پروگرام میں شریک ہوتے ہیں، جبکہ مختلف تنظیموں کے عہدیدار ہر پروگرام میں اپنی شرکت کو یقینی بنانے کی کوشش کرتے ہیں۔ سمنویا کے پروگرام میں حصہ لینے والے اکثر افراد کو اس بات کا گمان بھی نہیں تھا کہ یہ پروگرام منعقد کرنے والی تنظیم دراصل بی جے پی کی شاخ ہے۔ بعد ازاں کئی افراد نے اس پروگرام

میں شرکت پر افسوس کیا۔ اسی طرح قطر، عمان، متحدہ عرب امارات میں بھی یوگا ڈے کے موقع پر بی جے پی کی ذیلی تنظیموں سمنویا، اوورسیز فرینڈس آف بی جے پی وغیرہ کی جانب سے بڑے پیمانے ہر پروگرام منعقد کئے گئے۔

سعودی عرب نے یوگا کو اسپورٹس کی سرگرمی کے طور پر تسلیم کیا اور باضابطہ عرب یوگا فاونڈیشن کا قیام عمل میں لایا گیا۔ سعودی عرب میں یوگا کے فروغ میں اہم ترین رول ادا کرنے والی نوجوان سعودی یوگا چارینی نوف المروائی کو حکومت ہند کی جانب سے پدم شری کے اعزاز سے نوازا گیا۔

اگر سعودی حکومت نے یوگا کو اسپورٹس کے طور پر تسلیم کیا ہے تو اس میں ضرور کوئی لاجک ہوگی اور اس پر ہمیں کوئی اعتراض بھی نہیں ہے لیکن بی جے پی کی ذیلی تنظیم کی جانب سے بڑے پیمانے پر پروگرام کا انعقاد اور ان میں دو ہزار سے بھی زیادہ افراد کی شرکت سے اس بات کا اندازہ لگانا کوئی مشکل نہیں کہ خفیہ طور پر بھی ان کی سرگرمیاں جاری ہوں گی۔ کئی بار یہ بات بھی کہی جاتی ہے کہ بھگوا بریگیڈ کے لوگ خلیجی ممالک میں خفیہ طور پر اجلاس منعقد کر کے فنڈس بھی اکٹھا کرتے ہیں۔

ان باتوں کو ہم نے ہمیشہ افواہ سمجھ کر نظر انداز کر دیا لیکن بی جے پی کی ذیلی تنظیم کے زیر اہتمام سعودی عرب میں یوگا پروگرام کے کامیاب انعقاد سے کئی شکوک وشبہات پیدا ہو گئے ہیں۔

اب جبکہ وزیر اعظم نریندر مودی دورہ امریکہ پر ہیں تو تلسی گبارڈ نے اپنی مصروفیات کے سبب ان کے خیر مقدمی پروگرام میں شرکت نہ کرنے پر ایک ویڈیو جاری کر کے معذرت خواہی کی ہے۔ اس سے کم سے کم ان کے مودی بھگت ہونے کا واضع اشارہ ملتا ہے۔ اب چونکہ مودی جی بہ نفس نفیس خود امریکہ میں موجود ہیں تو یہ دیکھنا بڑا دلچسپ ہوگا کہ اس موقع پر امریکہ میں بھگوا بریگیڈ کی کیا سرگرمیاں رہیں گی۔

☆☆☆ شائع شدہ: روزنامہ اعتماد ۲۲/ ستمبر ۲۰۱۹

کالم: ٦

ہند- سعودی تعلقات نئی بلندیوں پر، ڈاکٹر اوصاف سعید کا خصوصی انٹرویو

حکومت سعودی عرب نے بیرونی یونیورسٹیز کے لئے اپنے ملک کے دروازے کھول دینے کا اعلان کیا ہے جس سے یہاں دنیا کے مختلف ممالک کی یونیورسٹیز کی شاخیں اور کیمپس قائم کئے جاسکیں گے۔ اس ضمن میں سعودی کابینہ کی جانب سے فیصلہ کے بعد وزیر تعلیم ڈاکٹر حماد الشیخ نے کہا کہ اس فیصلہ سے تعلیمی شعبہ میں بہتری آئے گی اور مقامی یونیورسٹیز کا تعلیمی معیار بلند ہو جائے گا۔

مقامی اخبارات کی اطلاعات کے مطابق ابتدا میں تین بیرونی یونیورسٹیز کے کیمپس قائم کئے جائیں گے لیکن ابھی ان یونیورسٹیز کے ناموں کا اعلان نہیں کیا گیا۔

سفیر ہند برائے سعودی عرب ڈاکٹر اوصاف سعید نے سعودی حکومت کے اس اعلان کی ستائش کرتے ہوئے امید ظاہر کی کہ مستقبل قریب میں ہندوستانی تارکین وطن کو بچوں کی اعلی تعلیم کے لئے فکر مند ہونے کی ضرورت نہیں پڑے گی۔ اعلی تعلیم کی سہولت نہ ہونے کے باعث کئی تارکین اپنے بچوں کو اعلی تعلیم کے لئے اپنے وطن یا کسی اور ملک کو روانہ کرنے کے لئے مجبور تھے۔ لیکن بیرونی یونیورسٹیز کی شاخیں اور کیمپس قائم ہو جانے کے بعد انہیں بڑی راحت ملے گی کیونکہ وہ اپنے بچوں کا تعلیمی سلسلہ یہیں جاری رکھ سکیں گے۔ سفیر موصوف نے اس بات کی قوی امید ظاہر کی کہ مستقبل قریب میں ہندوستان کے بہترین تعلیمی ادارے سعودی عرب میں شاخیں قائم کریں گے۔

فی الحال اندرا گاندھی نیشنل اوپن یونیورسٹی کے گریجویشن اور پوسٹ گریجویشن کے منتخبہ کورسس

کی کلاسس ایک خانگی ادارہ کے تحت مملکت کے اہم شہروں ریاض، جدہ اور دمام میں چلائی جاتی ہیں۔ سفارتخانہ ہند ریاض اور قونصل خانہ ہند جدہ میں ہندوستانی یونیورسٹیز کے امتحانات بھی منعقد کئے جاتے ہیں۔

بحیثیت قونصل جنرل ہند، اپنی سابقہ میعاد میں ڈاکٹر اوصاف سعید نے جدہ میں مولانا آزاد نیشنل اردو یونیورسٹی کا مرکز قائم کرنے میں اہم ترین رول ادا کیا تھا لیکن بعد ازاں اسے مسدود کر دیا گیا۔ اب امید کی جاسکتی ہے کہ مولانا آزاد یونیورسٹی کے سعودی مرکز کا احیاء کیا جائے گا۔ اب جب کہ سعودی عرب نے باضابطہ بیرونی یونیورسٹیز کے لئے اپنے دروازے کھولنے کا اعلان کیا ہے تو امید ہے کہ ڈاکٹر اوصاف سعید کی قیادت اور سرپرستی میں ہندوستان کی بڑی یونیورسٹیز سعودی عرب میں اپنے کیمپس قائم کریں گی۔ وزیر اعظم ہند نریندر مودی کے کامیاب دورہ ریاض کے بعد سفارتخانہ میں ہوئی ایک خصوصی ملاقات میں ڈاکٹر اوصاف سعید نے کہا کہ اس دورہ کے بعد دونوں ممالک کے درمیان مختلف شعبوں میں باہمی تعلقات، نئی بلندیوں پر پہنچ چکے ہیں۔ دفاع، توانائی، تجارت، پٹرو کیمیکلس، دہشت گردی، سائبر جرائم جیسے انتہائی اور حساس شعبوں میں دونوں ممالک نے ایک دوسرے کے ساتھ تعاون واشتراک کے لئے ایک درجن معاہدوں پر دستخط کئے ہیں۔

ڈاکٹر اوصاف سعید کے مطابق سٹریٹجک پائنرشپ کونسل کے قیام کے ضمن میں کیا گیا معاہدہ دونوں ممالک کے مابین بہترین تعلقات کا ثمر ہے۔ ایک سوال کے جواب میں ڈاکٹر اوصاف نے بتایا کہ ہندوستانی سعودی عرب کے لئے بہت ہی پرکشش مارکٹ ہے جہاں مملکت کی ضروریات کی اعلیٰ معیار کی کئی اشیاء دیگر ممالک کی بہ نسبت واجبی داموں پر دستیاب ہیں۔ ڈاکٹر اوصاف سعید نے دونوں ممالک کے درمیان تجارتی سرگرمیوں کے فروغ کے لئے جدہ میں سعودی۔ انڈیا بزنس نیٹ ورک قائم کیا تھا جو کہ اب بھی بہت فعال ہے اور اس کے بیانر تلے دونوں ممالک کے تجارتی وفود نے کئی بار سعودی عرب کا دورہ کیا۔ فیڈریشن آف انڈین ایکسپورٹ آرگنائزیشن کے تحت مختلف شعبوں کی ۱۶ ہندوستانی کمپنیوں کے نمائندے اس وفد میں شامل تھے جنہوں نے جدہ، ریاض اور

دمام کے متعلقہ چیمبر آف کامرس میں سعودی تاجرین سے ملاقات کی۔ اس موقع پر سعودی تاجرین نے ہندوستانی پراڈکٹس میں زبردست دلچسپی ظاہر کی۔ دونوں ممالک کے تاجرین نے تجارتی امکانات کا جائزہ لیا۔ انہوں نے مزید بتایا کہ سعودی عرب کی جانب سے ویزٹ ویزہ کی اجرائی اور انٹرٹینمنٹ کی سرگرمیوں میں زبردست اضافہ کے باعث ہندوستان کو سعودی عرب میں اپنی تہذیب و ثقافت کے فروغ کے بہترین مواقع حاصل ہوں گے۔

ڈاکٹر اوصاف سعید نے مزید بتایا کہ سعودی ولیعہد شہزادہ محمد بن سلمان کے اصلاحی نظریات پر مبنی ویژن ۲۰۳۰ کے اہداف کے حصول میں سعودی عرب نے ۸ ممالک کو اپنے اہم پارٹنرس کے طور پر منتخب کیا ہے اور ہندوستان بھی ان ہی ممالک میں شامل ہے۔ تین ملین سے زیادہ ہندوستانی تارکین وطن نے سعودی عرب میں ہندوستان کے پرچم کو بلند رکھا۔ محنتی اور ایماندار ورک فورس کے طور پر ہندوستانیوں کی بہترین امیج بنائی اور اپنے ملک کا نام روشن کیا۔ سعودی عرب اعلیٰ ترین قائدین بھی اس بات کے قائل ہیں۔ سعودی عرب کے فرماں رواں ملک سلمان بن عبدالعزیز نے خود سعودی عرب کی تعمیر نو میں ہندوستانیوں کے اہم ترین رول کو نہ صرف تسلیم کیا بلکہ ان کی ستائش بھی کی۔

ہندوستان بھی سعودی عرب کو اسی طرح قدر و منزلت کی نگاہ سے دیکھتا ہے۔ ہندوستانی وزیر اعظم نریندر مودی نے ریاض میں منعقدہ فیوچر انوسٹمنٹ سمٹ کو خطاب کرتے ہوئے بہت ہی دلکش انداز میں یہ بات کہی کہ ہندوستان کی نئی نسل کے لئے سعودی عرب کی ریت کے ذرات بھی سونا بن گئے تھے۔ ہندوستان اور سعودی عرب کے درمیان باہمی تعلقات کے فروغ کی بنیاد ۲۰۰۶ء میں پڑی جب سعودی عرب کے فرماں رواں ملک عبداللہ بن عبدالعزیز نے ہندوستان کا سرکاری دورہ کیا۔ چار روزہ دورہ ہند میں انہوں نے یوم جمہوریہ پریڈ میں بطور مہمان خصوصی شرکت کی۔ اس موقع پر دونوں ممالک کے درمیان متعدد معاہدے کئے گئے۔ اس موقع پر ملک عبداللہ بن عبدالعزیز اور ہندوستانی وزیر اعظم ڈاکٹر منموہن سنگھ کی جانب سے جاری کردہ مشترکہ بیان "دہلی ڈکلیریشن" دونوں ممالک کے درمیان تعلقات کے فروغ میں اہم سنگ میل ثابت ہوا۔ ۲۰۱۰ء میں اس وقت

کے وزیر اعظم ڈاکٹر منموہن سنگھ کے تین روزہ دورہ ریاض اور اس موقع پر ریاض ڈکلیریشن کی اجرائی سے دونوں ممالک کے تعلقات مزید مستحکم ہوئے۔ بی جے پی حکومت کے برسر اقتدار آنے کے بعد وزیر خارجہ سشما سوراج کی قیادت میں ہندوستانی وزارت خارجہ کے عرب ممالک کے ساتھ ہندوستان کے تعلقات کو نئی بلندیوں پر پہنچادیا۔ ۲۰۱۶ء میں وزیر اعظم نریندر مودی کے دورہ سعودی عرب اور پھر ۲۰۱۸ء میں منعقدہ سعودی عرب کے قومی ثقافتی میلہ جنادریہ میں بطور مہمان اعزازی ہندوستان کی شرکت نے سعودی عوام میں ہندوستان کی تصویر کے انمٹ نقوش چھوڑے۔ ایک جانب بالی ووڈ کے گیتوں پر سعودی نوجوان مستی میں سرشار ہو کر رقص کرنے لگے تو دوسری جانب ہندووستانی پویلین کے ذریعہ ہندوستانی تہذیب، ثقافت کی کئی جھلکیاں پیش کی گئیں جس سے سعودی عوام پہلی مرتبہ واقف ہوئے۔

سفیر ہند ڈاکٹر اوصاف سعید نے مزید بتایا کہ جاریہ سال فروری میں سعودی ولیعہد شہزادہ محمد بن سلمان کے دورہ ہند سے ہندوستان میں سعودی سرمایہ کاری کے نئے باب کا آغاز ہوا۔ اس موقع پر وزیر اعظم نریندر مودی سے ملاقات کے بعد سعودی ولیعہد شہزادہ محمد بن سلمان نے ہندوستان میں ۱۰۰ بلین ڈالر کی سرمایہ کاری کا اعلان کیا تھا۔ اسی دورہ کے موقع پر ریلائنس پٹرو کیمیکلس انڈسٹریز کے ساتھ سعودی آرامکو کی شراکت کی بنیاد رکھی گئی تھی۔ دہشت گردی سے مقابلہ دونوں ممالک کے مشترکہ عزائم میں شامل ہے اور اس سلسلہ میں وزیر اعظم کے دورہ ریاض کے موقع پر اہم معاہدوں پر دستخط کئے گئے۔ ہندوستانی سفیر برائے سعودی عرب ڈاکٹر اوصاف سعید وزیر اعظم ہند نریندر مودی کے کامیاب دورہ سے بے حد مطمئن اور خوش نظر آرہے تھے۔ ان کی میعاد کا یہ انتہائی اہم دورہ رہا۔ ان ہی کی میعاد میں سعودی عرب میں اگلے سال جی ۲۰ کا اجلاس منعقد شدنی ہے۔ اس اجلاس میں جی ۲۰ ممالک کے اہم ترین قائدین کے ساتھ وزیر اعظم ہند نریندر مودی کی بھی شرکت متوقع ہے۔ نہ صرف ڈاکٹر اوصاف سعید بلکہ تمام حیدرآبادیوں کے لئے یہ بات باعث فخر ہوگی کہ ان کی میعاد میں وزیر اعظم نریندر مودی دو مرتبہ سعودی عرب کا دورہ کریں گے۔ وزیر

اعظم نریندر مودی کے حالیہ دورہ ریاض کے موقع پر سفیر ڈاکٹر اوصاف سعید ریاض کے کنگ خالد انٹر نیشنل ایر پورٹ کے شاہی ٹرمنل پر اپنی اہلیہ محترمہ فرح سعید کے ساتھ موجود تھے۔ وزیر اعظم نریندر مودی نے دونوں سے نہایت ہی خوشگوار انداز میں بات چیت کی اور ان کے احوال دریافت کئے۔

☆☆☆ شائع شدہ: روزنامہ اعتماد ۱۰ / نومبر ۲۰۱۹

کالم: ۷

امریکہ کی اسرائیل نوازی نئی بلندی پر

امریکی صدر ڈونالڈ ٹرمپ نے سابقہ امریکی صدور کے تمام ریکارڈس کو توڑتے ہوئے یہودیوں سے محبت اور اسرائیل نوازی کا ایک نیا ریکارڈ قائم کر دیا ہے۔ صدر ڈونالڈ ٹرمپ کے دور اقتدار میں اسرائیل کے حق میں کیا گیا تیسرا اہم ترین فیصلہ ہے۔ اس سے قبل ٹرمپ انتظامیہ نے ۲۰۱۷ء میں یروشلم کو اسرائیل کا دارالخلافہ تسلیم کر لیا جب کہ پچھلے سال یعنی ۲۰۱۸ء میں اسی شہر میں امریکی سفارتخانہ قائم کر دیا گیا۔ اس طرح صرف دو سال کے عرصہ میں ٹرمپ حکومت نے اسرائیل نوازی کی ایک نئی مثال قائم کر دی۔ اسی ہفتہ ٹرمپ انتظامیہ نے فلسطین کے مقبوضہ علاقوں میں غیر قانونی طور پر قائم کی گئی یہودی بستیوں کو تسلیم کر کے ایک نئے تنازعہ کو جنم دیا ہے۔

امریکی وزیر خارجہ مائیک پامپیو نے پیر کو ایک پریس کانفرنس میں کہا کہ امریکہ نے مقبوضہ مغربی کنارہ میں قائم کردہ یہودی بستیوں کو قانونی طور پر تسلیم کر لیا ہے۔

اخباری اطلاعات کے مطابق پامپیو نے اپنے بیان میں کہا کہ امریکہ، فلسطینی علاقوں میں قائم یہودی بستیوں کو اب غیر قانونی تصور نہیں کرتا۔ انہوں نے مزید کہا کہ تمام قانونی پہلوؤں کا بغور جائزہ لینے کے بعد ہی امریکہ اس نتیجہ پر پہنچا ہے کہ مغربی کنارہ میں اسرائیلی آبادکاری بین الاقوامی قوانین سے متصادم نہیں ہے۔

امریکہ کے اس اقدام کو اسرائیلی صدر نتن یاہو کو سیاسی فائدہ پہنچانے کے لئے کیا گیا اقدام قرار دیا جا رہا ہے کیونکہ یہ اعلان ایسے وقت کیا گیا جب کہ اسرائیل میں انتخابات کے بعد پیدا شدہ غیر

یقینی صورتحال کے دوران نتن یاہو کے مخالف بنی گاؤنٹز (Benny Gantz) کے پاس تکنیکی حکومت کے لئے صرف دو دن کا وقت رہ گیا تھا۔ حالانکہ امریکی وزیر خارجہ مائیک پامپیو نے اس بات کی تردید کرتے ہوئے کہا کہ اس اعلان کے وقت کے انتخاب اسرائیل کی اندرونی سیاست سے کوئی تعلق نہیں تھا تاہم مخالفین امریکہ کی نظر میں یہ بلاشبہ ایک سوچا سمجھا سیاسی اقدام ہے۔ امریکہ کی اسرائیل نوازی کوئی نئی بات نہیں ہے لیکن موجودہ صدر ڈونالڈ ٹرمپ کے دور اقتدار میں امریکہ کی اسرائیل نوازی اپنی انتہا کو پہنچ چکی ہے۔ امریکہ کے اس اعلان پر اس کے روایتی حلیف عرب ممالک بھی اس کی مخالفت میں کھڑے ہو چکے ہیں۔ سعودی عرب نے امریکہ کے اس اعلان کی مذمت کرتے ہوئے اسے پوری طرح سے مسترد کر دیا ہے۔ سعودی وزارت خارجہ کے ترجمان نے واضح طور پر کہا کہ مقبوضہ علاقوں میں یہودی بستیوں کا قیام بین الاقوامی قوانین اور اقوام متحدہ کی قرارداد کے خلاف ہے۔ سعودی عرب نے امریکہ کے اس اقدام کو مشرق وسطی میں قیام امن کی راہ میں رکاوٹ قرار دیا ہے۔ سعودی عرب کا یہ ماننا ہے کہ فلسطینی عوام کو ان کے جائز حقوق کے حصول کو یقینی بنا کر ہی قیام امن کی راہ ہموار ہو سکتی ہے۔

عرب لیگ نے امریکہ کے اس اقدام کو انتہائی منفرد قرار دیا ہے۔ سکریٹری جنرل عرب لیگ احمد ابو الغیث نے کہا کہ امریکہ کے اس اعلان سے تشدد میں اضافہ ہونے کا خدشہ ہے اور انہوں نے اسے قیام امن کے امکانات پر پوری طرح سے پانی پھیرنے والا اقدام قرار دیا۔ عرب لیگ کے ڈپٹی سکریٹری جنرل حمام ذکی نے اعلان کیا کہ عرب لیگ کے رکن ممالک کی اکثریت نے فلسطینی اتھاریٹی کی جانب سے وزارتی اجلاس منعقد کرنے کی تائید و حمایت کی ہے۔ اس ضمن میں عرب لیگ کی جانب سے پیر کو ایک ہنگامی اجلاس منعقد کیا جائے گا۔

اقوام متحدہ کے دفتر انسانی حقوق اور یورپین یونین نے اپنے اس موقف کا اعادہ کیا کہ فلسطین کے مقبوضہ علاقوں میں قائم کردہ یہودی بستیاں بین الاقوامی قوانین کے خلاف ہیں۔

صدر فلسطین کے ترجمان نبیل ابوردینا نے اپنے بیان میں کہا کہ مقبوضہ فلسطینی علاقوں میں قائم کردہ

یہودی بستیوں کو قانونی موقف عطا کرنے کا امریکہ کا کوئی اختیار نہیں ہے اور نہ ہی اسے بین الاقوامی قوانین کے تحت اختیار کردہ قرار دادوں کو منسوخ کرنے کا کوئی حق حاصل ہے۔

ادھر اسرائیلی وزیر اعظم بنجامن نتن یاہو نے امریکہ کے نئے موقف کا خیر مقدم کرتے ہوئے کہا کہ ٹرمپ انتظامیہ نے تاریخی ناانصافیوں کو درست کر دیا ہے۔ یہ اسرائیل کی بہت بڑی کامیابی ہے جسے آنے والی نسلیں ہمیشہ یاد رکھیں گی۔ اسی سال اگست میں امریکی وزیر خارجہ مائیک پامپیو نے کہا تھا کہ امریکہ ، اسرائیل کی سلامتی کے لئے کسی بھی اقدام سے گریز نہیں کرے گا اور اسرائیل کی ضروریات کے اسلحہ اور فوجی سازوسامان اسے فراہم کرے گا۔ امریکہ کی جانب سے اسرائیل کو ہر سال عربوں ڈالر کی فوجی اور مالی امداد فراہم کی جاتی ہے جو مبینہ طور پر اسرائیل کی توسیع کے منصوبوں پر صرف کی جاتی ہے۔ فلسطینی تنظیم حماس کے سیاسی شعبہ کے نائب سربراہ صالح العاروری نے امریکی وزیر خارجہ کے بیان کی مذمّت کرتے ہوئے امریکہ پر الزام عائد کیا کہ وہ اسرائیل کے تمام جرائم میں برابر کا شریک ہے۔ فلسطین کے چیف مذاکرات کار صائب اریکات نے کہا کہ امریکہ اس اعلان سے بین الاقوامی قوانین کے جنگل راج میں تبدیل ہونے کا خطرہ پیدا ہو گیا ہے۔ ٹرمپ انتظامیہ کی جانب سے اختیار کردہ موقف سابق امریکی صدر بارک اوباما کی رائے کے برعکس اور اقوام متحدہ کے موقف کے مغائر ہے۔ ۱۹۶۷ کی جنگ کے دوران اسرائیل نے عرب اردن، مشرقی یروشلم، غزہ اور شام کی گولان کی پہاڑیوں پر قبضہ کر لیا تھا۔ اسرائیل نے ۱۹۸۰ میں مشرقی یروشلم کو اور ۱۹۸۱ میں گولان پہاڑیوں کو عملا اپنا حصہ بنالیا تھا لیکن بین الاقوامی سطح پر اسے قبول نہیں کیا گیا۔ فلسطینی عوام ان تمام بین الاقوامی سطح پر اسے قبول نہیں کیا گیا۔ فلسطینی عوام ان تمام یہودی بستیوں کو ختم کرنے کا مطالبہ کرتے رہے ہیں کیونکہ یہ ان علاقوں میں قائم کی گئی ہیں جس کے فلسطینی عوام دعویدار ہیں۔ علاوہ ازیں یہ بستیاں آزاد فلسطینی ریاست کے خواب میں رکاوٹ بھی ہیں۔

امریکی صدر کارٹر کی انتظامیہ نے ۱۹۷۸ میں یہ موقف اختیار کیا تھا کہ یہ یہودی بستیاں بین الاقوامی

قوانین کے خلاف ہیں تاہم ۱۹۸۱ میں صدر ریگن کا یہ موقف تھا کہ ان کی رائے میں یہ بستیاں از خود غیر قانونی نہیں ہیں۔

امریکہ نے کئی دہائیوں تک ان یہودی بستیوں کو ناجائز قرار دیا لیکن انہیں غیر قانونی قرار دینے سے اجتناب کرتا رہا۔ ۲۰۱۶ء میں اقوام متحدہ نے ایک قرار داد کے ذریعہ اسرائیل کو ان غیر قانونی بستیوں کو ختم کرنے کو کہا تھا۔ امریکی صدر اوباما کے انتظامیہ نے اقوام متحدہ کی اس قرار داد کو ویٹو نہیں کیا تھا۔ اب ٹرمپ انتظامیہ نے اس موقف سے نہ صرف انحراف بلکہ یو ٹرن کرتے ہوئے اقوام متحدہ کی قرار داد اور بین الاقوامی قوانین کی روسے غیر قانونی قرار پائی یہودی بستیوں کو قانونی قرار دیا ہے۔

فلسطین کے مقبوضہ علاقوں میں آباد غیر قانونی یہودی بستیوں کو مستقل موقف عطا کرنے کے حامی یہودی قائدین نے امریکہ کے اس اعلان کا خیر مقدم کرتے ہوئے اس عزم کا اعادہ کیا کہ اب اسرائیل کے لئے موزوں ترین وقت ہے کہ وہ ان بستیوں کو پوری طرح سے اپنے کنٹرول میں لے لے۔

۱۹۶۷ء کی ۶ روزہ جنگ کے بعد اسرائیل نے مغربی کنارہ پر قبضہ کر لیا تھا جہاں ۶ لاکھ یہودی آباد ہیں۔ اسرائیل کے زیر کنٹرول اس علاقہ میں تقریباً ۳۰ لاکھ فلسطینی آباد ہیں جب کہ ۲۵ میل طویل غزہ پٹی میں ۲۰ لاکھ فلسطینی آباد ہیں۔

☆☆☆ شائع شدہ: روزنامہ اعتماد ۲۴؍ نومبر ۲۰۱۹

کالم: ۸

خلیجی ممالک میں تارکین ہند کے انمٹ نقوش

پٹرول کی دولت سے مالا مال خلیجی ممالک پچھلی چار پانچ دہائیوں سے لاکھوں ہندوستانیوں کے لئے روزگار کے پرکشش مراکز رہے ہیں۔ اپنی اور اپنے اہل و عیال کی معیار زندگی کو بہتر بنانے کے خواب سجائے کئی ہندوستانیوں نے ۱۹۷۰ء کی دہائی سے خلیجی ممالک کارخ کرنا شروع کیا۔ اس دوران کئی ہندوستانیوں نے اپنی سخت محنت، لگن اور جستجو سے اپنے خوابوں کو شرمندہ تعبیر کیا جب کہ کئی تارکین ہند کو خلیجی ممالک میں اپنی قسمت سنوارنے میں کامیابی حاصل نہ ہو پائی، جہاں ایک جانب کئی خاندانوں کی کایا پلٹ گئی وہیں کچھ تارکین ہند مزید پریشانیوں اور تکالیف میں مبتلا ہو گئے۔ کئی تارکین ہند کے معاشی حالات تو بہتر ہوئے لیکن ذہنی تناؤ، ڈپریشن، تنہائی کے سبب مختلف امراض کا شکار ہو گئے۔ دوسری جانب ایسے تارکین ہند کی بھی خاصی تعداد ہے جو خلیجی ملکوں میں آکر بھی معاشی پریشانیوں سے چھٹکارہ نہ پاسکے۔ خاص طور پر دیہی علاقوں کے پریشان حال کسان اور دیگر غرباء جو قرض لے کر ویزا حاصل کرتے ہوئے سنہری خواب سجائے خلیجی ممالک کو نقل مقام تو کرلیا لیکن یہاں پہنچ کر محنت مزدوری کرنے کے بعد بھی انہیں قرض کے دلدل میں چھٹکارہ نہ مل سکا۔

چند تارکین ہند کو آجرین کی جانب سے تنخواہوں اور دیگر حقوق کی عدم ادائیگی کے باعث مالی پریشانیوں کا سامنا کرنا پڑتا ہے تو دوسری جانب سخت ترین موسمی حالات، ڈپریشن اور تنہائی کے باعث کئی لوگ نفسیاتی امراض کا بھی شکار ہو جاتے ہیں۔ حالات سے مجبور اور پریشان حال تارکین ہند خودکشی جیسے انتہائی اقدام سے بھی گریز نہیں کرتے۔ حال ہی میں مملکتی وزیر خارجہ وی مرلی

دھرن نے لوک سبھا میں بیان دیتے ہوئے کہا کہ ۶ خلیجی ممالک سعودی عرب، متحدہ عرب امارات، کویت، قطر، بحرین اور عمان میں پچھلے پانچ سال کے دوران ۳۴ ہزار تارکین ہند فوت ہوئے ہیں۔ صدر تلنگانہ پردیش کانگریس کمیٹی کیپٹن اتم کمار ریڈی کے سوال کا جواب دیتے ہوئے وزیر موصوف نے خلیجی ممالک میں مرنے والے ہندوستانی تارکین وطن کی تفصیلات پیش کیں۔

مملکتی وزیر خارجہ کی جانب سے لوک سبھا میں پیش کردہ اعداد و شمار کے مطابق سال ۲۰۱۴ء اور ۲۰۱۹ء کے درمیان سب سے بڑی تعداد میں تارکین ہند، سعودی عرب میں فوت ہوئے۔ جن کی تعداد ۱۹۲۰ رہی جب کہ متحدہ عرب امارات میں ۱۴۵۱ تارکین ہند فوت ہوئے۔ اسی طرح کویت میں ۵۸۴، عمان میں ۴۰۲، قطر میں ۲۸۶ اور بحرین میں ۱۸۰ تارکین ہند فوت ہوگئے۔ اس طرح وزارت خارجہ کے اعداد و شمار کے مطابق خلیجی ممالک میں پچھلے پانچ سال میں مرنے والے تارکین ہند کی کل تعداد ۳۳,۹۸۸ رہی۔ ان میں جاریہ سال مرنے والے ۴,۸۲۳ تارکین ہند بھی شامل ہیں۔ ان خلیجی ممالک میں پچھلے پانچ سال کے دوران مرنے والے ہندوستانی تارکین وطن کی سالانہ تعداد کے تجزیہ سے پتہ چلتا ہے کہ ۲۰۱۸ء اور ۲۰۱۶ء میں سب سے زیادہ اموات واقع ہوئیں جو علی الترتیب ۶,۰۱۴ اور ۶,۰۱۳ رہیں۔ سال ۲۰۱۴ء میں ۵۳۸۸، 2015ء میں ۵۷۸۶ اور ۲۰۱۷ء میں ۵۶۰۴ ہندوستانی تارکین وطن خلیجی ملکوں میں فوت ہوئے۔

ٹائمس آف انڈیا کی ایک رپورٹ میں تلنگانہ این آر آئی ونگ کے عہدیدار ای چٹی بابو کے حوالے سے بتایا گیا ہے کہ پچھلے پانچ سال کے دوران خلیجی ممالک میں مرنے والوں میں لگ بھگ ۱۲۰۰ تارکین ہند کا تعلق ریاست تلنگانہ سے تھا۔ خلیجی ممالک میں مرنے والے تارکین ہند میں خاصی تعداد میں وہ تارکین وطن بھی شامل ہیں جو مختلف وجوہات کی بناء پر خودکشی جیسا انتہائی اقدام کرلیتے ہیں۔ ہندوستان میں ایجنٹس کے ذریعہ مبینہ طور پر غیر قانونی طریقوں سے متلاشیان روزگار نوجوانوں کو خلیجی ممالک روانہ کیا جاتا ہے۔ اکثر نوجوان بیرونی ممالک کے قوانین و ضوابط اور ریکروٹمنٹ کے طریقہ کار سے عدم واقفیت کے باعث آسانی سے ان ایجنٹس کے چنگل میں پھنس

جاتے ہیں۔ ایک نئی زندگی کا خواب لئے ایسے نوجوان جب بیرونی ملک کی سرزمین پر پہنچتے ہیں تو انہیں نت نئی پریشانیوں اور الجھنوں کا سامنا کرنا پڑتا ہے۔ ہندوستانی ایجنٹس کی دھوکہ دہی، خلیجی ممالک میں آجرین کی جانب سے ہندوستانی ملازمین کو تنخواہوں اور دیگر حقوق کی عدم ادائیگی اور لیبر قوانین کی خلاف ورزی سے متعلق ہندوستانی وزارت خارجہ کو جاریہ سال ۱۵۰۱۵ شکایتیں وصول ہوئی ہیں۔

روزگار کی تلاش میں بیرونی ممالک کا سفر کرنے والے اکثر نوجوان مناسب معلومات نہ ہونے کی وجہ سے ایجنٹس کی دھوکہ دہی کا شکار ہو جاتے ہیں۔ بیرون ملک کئی مصیبتوں کا سامنا کرتے ہوئے اپنے اہل و عیال کو بہتر زندگی کو یقینی بنانے کے دوران کئی تارکین مالی بوجھ اور قرض کے دلدل میں بری طرح پھنس جاتے ہیں۔

ایک جانب پریشان حال تارکین وطن سخت حالات سے نبرد آزما ہیں تو وہیں دوسری جانب خوشحال طبقہ کے کچھ افراد اپنی سماجی ذمہ داریوں کو بخوبی سمجھتے ہوئے ان پریشان حال بھائیوں کی حتی المقدور امداد کرنے میں مصروف ہیں۔ خلیجی ممالک میں پریشان حال تارکین وطن کی مدد اور رہنمائی کے لئے کئی سماجی کارکن سرگرم عمل ہیں۔ ہندوستان سے پہلی مرتبہ بیرون ملک پہنچنے والوں کی رہنمائی، روزگار کی تلاش میں رہبری، جیلوں میں بند قیدیوں کی رہائی کی کوشش، مریضوں کی امداد سے لے کر مرنے والوں کی نعشوں کو ان کے وطن روانگی تک مختلف شعبوں میں کئی سماجی کارکن گراں قدر خدمات انجام دے رہے ہیں۔

تجارت کے شعبہ میں خوب نام کمانے اور اپنا سکہ جمانے والے ہندوستانیوں میں کئی بزنس مین فلاحی کاموں میں بڑھ چڑھ کر حصہ لیتے ہیں۔ پیور گولڈ گروپ کے بانی و صدر نشین فیروز مرچنٹ سماج کے تئیں اپنے دل میں نرم گوشہ اور ہمدردی کا جذبہ رکھتے ہیں۔ ہیرے جواہرات کے کاروبار میں کامیاب بزنس مین کے طور پر وہ اپنی سماجی ذمہ داریوں کو بھی بخوبی انجام دے رہے ہیں۔ متحدہ عرب امارات کے نیشنل ڈے کے موقع پر فیروز مرچنٹ نے فلاحی خدمات کے لئے قائم کردہ اپنی

Forgotten Society کے ذریعہ ایک ملین درہم ادا کر کے متحدہ عرب امارات کی مختلف جیلوں میں قید ۷۰۰ تارکین وطن کے قرض ادا کر کے ان کی رہائی اور وطن واپسی کی راہ ہموار کر دی۔ یہ تمام قیدی جیل میں اپنی سزا کاٹ چکے تھے لیکن قرض ادا نہ کرنے کے باعث جیل سے رہائی ممکن نہیں تھی۔ فیروز مرچنٹ کے اس اقدام سے مستفید ہونے والے ۷۰۰ قیدیوں میں ۳۰ ممالک کے تارکین وطن جن میں ہندوستان، پاکستان، افغانستان، فلپائن، روس، عراق وغیرہ کے تارکین وطن شامل ہیں۔

رہا ہونے والے قیدیوں میں فجیرہ کی جیل سے ۱۶۰ اور اجمان کی جیل سے ۱۵۰ قیدی شامل ہیں، جب کہ دیگر دبئ، ابوظہبی، شارجہ، راس الخیمہ کی جیلوں میں محروس تھے۔ فیروز مرچنٹ ۱۹۸۹ سے متحدہ عرب امارات میں مقیم ہیں اور اپنی محنت و جستجو سے انہوں نے بزنس میں خوب نام کمایا اور زبردست شہرت حاصل کی۔ ۲۰۰۸ء میں Forgotten Society کے نام سے فلاحی ادارہ قائم کیا جس کے ذریعہ فلاح و بہبود کی خدمات انجام دی جاتی ہیں۔

یہاں اس بات کا تذکرہ بھی بے جا نہ ہو گا کہ خلیجی ممالک اور خاص کر متحدہ عرب امارات میں ہندوستانی تارکین وطن کی بڑی تعداد تجارت سے منسلک ہے اور بزنس میں اتنا نام کمایا کہ دبئی سے شائع ہونے والے ماہنامہ عربین بزنس کی جانب سے ہر سال خلیج کے اکثر ہندوستانیوں کی فہرست شائع کی جاتی ہے جس میں مختلف شعبوں کے بااثر ہندوتانیوں کو شامل کیا جاتا ہے۔ اس سال شائع شدہ: فہرست میں بھی فیروز مرچنٹ کا نام بھی شامل ہے۔ بہر حال اچھے برے ہر طرح کے حالات کا سامنا کرتے ہوئے ہندوستانی تارکین وطن ہر شعبہ میں اپنی موجودگی کا احساس دلاتے ہیں۔ پچھلے چند سالوں میں یہاں کئی شعبوں میں ملازمتوں کو قومیانے کی پالیسی کے باعث کئی تارکین وطن لوٹ چکے ہیں لیکن اب بھی کئی شعبوں میں تارکین ہند کی خاصی تعداد موجود ہے جو ہر شعبہ میں کامیابی سے خدمات انجام دے رہے ہیں۔

☆☆☆ شائع شدہ: روزنامہ اعتماد ۸/ دسمبر ۲۰۱۹

کالم: ۹

شہریت ترمیمی قانون سے تارکین ہند میں بے چینی

حکومت ہند کی جانب سے ملک بھر میں این آر سی پر عمل آوری کے اعلان اور شہریت ترمیمی بل کی منظوری کے خلاف جمعرات کو ملک گیر احتجاج میں چند افراد کی ہلاکتوں کی خبریں بھی آرہی ہیں۔ ملک کے موجودہ حالات سے بیرون ملک مقیم تارکین وطن ہند تشویش اور پریشانی میں مبتلا ہیں۔ مختلف ممالک میں این آر آئیز جلوس اور جلسوں کے ذریعہ احتجاج کررہے ہیں۔ خلیجی ممالک کے قوانین کے مطابق یہاں احتجاج تو نہیں کیا جاسکتا لیکن کئی تارکین ہند انفرادی طور پر سوشیل میڈیا کے ذریعہ این آر سی اور شہریت ترمیمی قانون کے خلاف صدائے احتجاج بلند کررہے ہیں۔

چند تنظیمیں سفارتخانہ ہند میں یادداشت پیش کرنے کا منصوبہ بھی رکھتے ہیں۔ سعودی عرب کی دارالحکومت ریاض میں قائم ہندوستان کی مختلف یونیورسٹیز کے سابق طلبہ کی تنظیمیں دیگر تنظیموں کے ساتھ سفارتخانہ ہند کے ذریعہ اپنا احتجاج درج کروانے کی تیاری کررہے ہیں۔ جامعہ ملیہ اسلامیہ المونی اسوسی ایشین کے صدر آفتاب علی نظامی نے جامعہ کے احتجاجی طلباء وطالبات کے ساتھ اظہار یگانگت کرتے ہوئے ہر طرح کے تعاون کا تیقن دیا۔ انہوں نے جامعہ کے انتظامیہ کی جانب سے پولیس کارروائی کی اعلیٰ سطحی تحقیقات اور اس شرمناک واقعہ میں شامل پولیس عہدیداروں کے خلاف ایف آئی آر درج کرنے کے مطالبہ کی پرزور تائید و حمایت کا اعلان کیا۔ اسوسی ایشن نے گرفتار شدہ طلبہ کی رہائی اور زخمیوں کے علاج کے لئے مدد کرنے والوں سے اظہار تشکر کیا اور غیر منصفانہ شہریت ترمیمی قانون کے خلاف جاری احتجاج کی تائید وحمایت کا اعلان کیا۔

علی گڑھ مسلم یونیورسٹی المنائی اسوسی ایشن ریاض کے صدر سید محمد مطیب نے جامعہ ملیہ اسلامیہ اور علی گڑھ مسلم یونیورسٹی میں پولیس کی جانب سے کی گئی کارروائیوں میں یونیورسٹی انتظامیہ پر سوال کھڑا کرتے ہوئے کہا کہ انتظامیہ کی علم و اطلاع کے بغیر پولیس کس طرح کیمپس میں داخل ہو سکتی ہے۔

عثمانیہ یونیورسٹی المنائی اسوسی ایشن ریاض کے صدر محمد مبین نے ملک بھر میں جاری طلباء و دیگر احتجاجیوں کی حمایت کرتے ہوئے شہریت ترمیمی بل کو بھید بھاؤ پر مبنی اور حقوق انسانی کے خلاف قرار دیا۔

دیگر ممالک میں بھی احتجاج کا سلسلہ جاری ہے۔ امریکہ، برطانیہ اور جرمنی میں زیر تعلیم ہندوستانی طلباء و طالبات نے بھی احتجاجی مظاہروں کے ذریعہ ہندوستان میں جاری احتجاجی مظاہرین سے ہمدردی اور یگانگت کا اظہار کیا۔

انڈین امریکن مسلم کونسل نے ہندوستان کی تازہ ترین صورتحال اور خاص کر مسلمانوں کے ساتھ کئے جارہے امتیازی سلوک امریکی کانگریس کو واقف کروانے کے لئے ایک پروگرام منعقد کیا۔ ۱۹۹۰ء کی دہائی میں یوگانڈہ میں پیش آئے نسل کشی کے واقعات پر ریسرچ کے بعد "نسل کشی کے دس مراحل" کے خالق و مرتب امریکی پروفیسر گریگوری اسٹین ٹن نے کشمیر اور آسام کی تازہ صورتحال کے تناظر میں کہا کہ وہاں کے مسلمان نسل کشی کے ذریعہ خاتمہ سے صرف ایک مرحلہ کی دوری پر ہیں۔ کشمیر کے حالات اور این آر سی پر امریکی کانگریس کو پیش کردہ بریفنگ میں گریگوری نے کہا کہ "ہندوستان میں مسلمانوں کی نسل کشی کی تیاری بلاشبہ جاری ہے۔ کشمیر اور آسام میں مسلمانوں کے ساتھ کئے جارہے امتیازی سلوک اور مظالم کو انہوں نے مسلمانوں کی نسل کشی کی قریب ترین مرحلہ قرار دیا۔ اس کے بعد اگلا مرحلہ یا نشانہ مسلمانوں کا خاتمہ ہی ہوگا جو دراصل ان کی نسل کشی ہوگی۔

انڈین امریکن مسلم کونسل کی جانب سے جاری کردہ پریس نوٹ کے مطابق پروفیسر گریگوری نے

نسل کشی کے دس مراحل کی وضاحت کرتے ہوئے کہا کہ پہلا مرحلہ "ہم" اور "وہ" میں تفریق ہے جب کہ دوسرا مرحلہ Symbolization ہے جس کے ذریعہ مخصوص گروپ کو درِ انداز قرار دیا جاتا ہے۔ تیسرے مرحلہ میں Discrimination امتیاز برتنا جس کے تحت مخصوص گروپ کو دیگر شہریوں سے علیحدہ کر دیا جاتا ہے تاکہ ان کے حقوق کو سلب کیا جا سکے۔ چوتھا مرحلہ Dehumanization یعنی مخصوص گروپ کو الگ تھلگ کر دینے کے لئے غیر مہذب حربے اختیار کئے جاتے ہیں۔ اس میں مظلومین کو خود سے کم درجہ کا انسان ماننا یا دوسرے درجہ کا شہری قرار دینا شامل ہے۔ اس مرحلہ میں اس مخصوص گروپ کو دہشت گرد، جانور، سیاسی کینسر جیسے القاب سے منسوب کرتے ہوئے ان افراد کو ایک وباء کے طور پر تصور کیا جانے لگتا ہے۔ پانچویں مرحلہ میں نسل کشی کے لئے باضابطہ اداروں کا قیام عمل میں لایا جاتا ہے اور منظم طریقہ سے نسل کشی کے اقدامات کا باضابطہ آغاز کیا جاتا ہے۔ کشمیری عوام پر جاری پابندیاں اور آسام میں این آر سی پر عمل آوری جیسی کارروائی اسی مرحلہ کا حصہ ہے۔ چھٹواں مرحلہ Polarization یعنی تقطیب، جس کے تحت پروپیگنڈہ کے ذریعہ مخصوص گروپ کو عملاً الگ تھلگ کر دیا جاتا ہے۔ ساتواں مرحلہ Preparation یعنی تیاری کا مرحلہ ہے جب کہ آٹھواں مرحلہ Persecution ہے جس میں مخصوص گروپ پر باضابطہ ظلم و ستم کا آغاز کر دیا جاتا ہے۔ پروفیسر گریگوری نے آسام کی موجودہ صورتحال کو نسل کشی کا مرحلہ قرار دیا۔ نواں مرحلہ Extermination یعنی مخصوص گروپ کا خاتمہ کر دینا اور پھر آخری اور دسواں مرحلہ Denial یعنی انکار کرنا ہے۔ پروفیسر گریگوری نے نریندر مودی کی موجودہ حکومت کو نازی حکومت کی غلام صفات کے حامل قرار دیا ہے اور کہا کہ قوم پرستی کو انتہاء پر پہنچانا ہی فاشزم اور نازی ازم ہے۔

اقوام متحدہ کی حقوق انسانی کے دفتر نے ہندوستان کے شہریت ترمیمی قانون پر تشویش کا اظہار کرتے ہوئے اسے بنیادی طور پر "امتیاز" برتنے والا قانون قرار دیا ہے۔ اقوام متحدہ نے مذہبی بنیادوں پر مسلمانوں کو نظر انداز کرنے والے اس قانون پر از سر نو غور کرنے حکومت ہند سے اپیل کی ہے۔

اقوام متحدہ کی حقوق انسانی کے دفتر کے ترجمان جیریمی لارینس Jeremy Lawrence نے جنیوا میں صحافتی کانفرنس میں اقوام متحدہ کے اس موقف کا اظہار کیا۔ امریکی کمیشن برائے بین الاقوامی مذہبی آزادی US Commission on International Religious Freedom نے امریکہ سے ہندوستانی وزیر داخلہ امیت شاہ پر پابندی عائد کرنے کا مطالبہ کیا ہے کیونکہ شہریت ترمیمی قانون کے ذریعہ لاکھوں ہندوستانی مسلمانوں کی شہریت خطرہ میں پڑ گئی ہے۔ انٹر نیشنل کمیشن آف جیورسٹس International Commission Of Jurists نے شہریت ترمیمی قانون کی مذمت کرتے ہوئے اسے غیر منصفانہ اور مسلمانوں کے ساتھ امتیازی سلوک پر مبنی قرار دیا ہے۔ ہندوستان کی تازہ ترین صورتحال کے پیش نظر وزیر اعظم جاپان شنزو ابے نے اپنا دورہ منسوخ کر دیا ہے جب کہ وہ گوہاٹی میں وزیر اعظم نریندر مودی سے ملاقات کرنے والے تھے۔ بنگلہ دیش کے وزیر خارجہ اور وزیر داخلہ دونوں نے اپنے دورہ ہند کو منسوخ کر دیا ہے۔ نریندر مودی اور امیت شاہ کی حکومت آر ایس ایس کے نظریات پر عمل کرتے ہوئے ہندوتوا ایجنڈے کو زور و شور سے آگے بڑھا رہی ہے۔ اب تک طلاق ثلاثہ، کشمیر میں دفعہ ۳۷۰ کی برخواستگی، رام مندر کی تعمیر جیسے ہندوتوا کے اہم اہداف کے حصول میں کامیابی کے بعد اب شہریت ترمیمی قانون کی منظوری کے بعد کئی سیکولر ذہنوں میں یہ سوال اٹھ رہا ہے کہ ہندوتوا ایجنڈے کے تحت بی جے پی کا اگلا اقدام کیا ہوگا۔ بی جے پی حکومت اس کالے قانون کو عوامی احتجاج کے ذریعہ نہ رکوا دیا گیا تو کئی افراد کو خدشہ ہے کہ اس حکومت کا اگلا نشانہ ملک میں یکساں سول کوڈ کا نفاذ ہو سکتا ہے۔ اس لئے ملک کے طول و عرض میں جاری احتجاج کے ذریعہ اس حکومت کو ہندوتوا ایجنڈے کو مزید آگے بڑھانے سے روکنا بے حد ضروری ہے۔ احتجاج کے دستوری حق کا استعمال کرتے ہوئے جمہوری اور پر امن احتجاج کے ذریعہ حکومت پر زور ڈالنا وقت کی اہم ترین ضرورت ہے۔

بی جے پی حکومت نے ہندوستانی مسلمانوں کو دوسرے درجہ کا شہری قرار دینے اور انہیں دیگر طبقات سے الگ تھلگ کرنے کی ناکام کوشش کر رہی ہے لیکن مودی اور شاہ کی جوڑی کو معلوم ہونا

چاہئے کہ عالم اسلام اور خاص کر خلیجی ممالک نے تارکین ہند کو ملازمت اور بہترین زندگی کے ذریعہ فراہم کرنے میں کبھی تفریق نہیں کی۔ مودی اور شاہ کی سرزمین گجرات کے کئی تاجرین، دبئی اور دیگر کئی خلیجی شہروں میں آزادانہ طور پر کاروبار کرتے ہوئے ٹیکس سے مستثنیٰ آمدنی حاصل کرتے ہوئے بہت ہی خوشحال زندگی بسر کر رہے ہیں۔ دبئی سے انگریزی و عربی میں شائع ہونے والے ماہنامہ عربین بزنس میں ہر سال خلیج کے بااثر ہندوستانیوں کی فہرست شائع کی جاتی ہے۔ اس فہرست میں شامل ناموں کا جائزہ لینے سے اس بات کا بخوبی اندازہ ہو جائے گا کہ سرزمین عرب میں کبھی تفریق نہیں کی گئی۔

جدہ کے الریان انٹرنیشنل پالی کلینک سے وابستہ ڈاکٹر ونیتا پلائی نے فیس بک کے ذریعہ کہا کہ وہ پچھلے تیرہ سال سے پروقار اور فخریہ انداز میں پریکٹس کر رہی ہیں۔ انہوں نے لکھا ہے کہ ایک مکمل اسلامی ملک اور مقدس سرزمین مکہ سے بہت ہی قریب ہوں۔ بحیثیت ہندو مجھے کبھی بھی کسی قسم کی پریشانی کا سامنا نہیں کرنا پڑا بلکہ ہر وقت مجھے اپنے مسلم دوستوں سے مجھے بے انتہا پیار اور سہارا ملا ہے۔ میرے مسلم دوستوں نے یہاں ہمارے طویل قیام میں انتہائی اہم رول ادا کیا ہے۔" ڈاکٹر ونیتا نے اپنے فیس بک پوسٹ میں مزید لکھا کہ ان کی مختلف ممالک کے بے شمار غیر مسلم دوست عرب ممالک میں پرسکون زندگی بسر کر رہے ہیں۔ جہاں انہیں ہر طرح کی سہولیات میسر ہیں اور کبھی مذہبی تفریق کا سامنا نہیں کرنا پڑا۔ انتہائی پرسکون انداز میں ہم اپنی روزی کما رہے ہیں۔" انہوں نے مزید لکھا کہ عالمی معاشی بحران اور سعودائزیشن کی وجہ سے کئی خارجیوں کو ملازمت سے سبکدوش کیا گیا لیکن اس میں بھی مذہبی بنیاد پر کوئی تفریق نہیں کی گئی۔ انہوں نے سوال کیا کہ ایسے تارکین ہند کیونکر حکومت ہند کی تائید کریں جو کہ مکمل طور پر مذہبی بنیاد پر تفریق کرتے ہوئے مذہبی رواداری کا خاتمہ کرنے کے درپے ہیں۔" انہوں نے شہریت ترمیمی بل اور این آر سی کی مخالفت کا اعلان کیا ہے۔

بی جے پی حکومت نے ہندوستانی مسلمانوں کے ساتھ امتیاز برقرار رکھا ہے۔ لیکن ملک کے ابتر معاشی

حالات کے تناظر میں مہنگائی سے جوجھ رہی عوام کو راحت پہنچانے کے لئے مسلم ممالک پر انحصار کرنے پر مجبور ہو گئی ہے۔ ہندوستان مین پیاز کی قیمتیں آسمان کو چھو رہی ہیں، اور حکومت مہنگائی پر قابو پانے میں بری طرح ناکام ہو چکی ہے۔ ایسے میں حکومت پیاز کی درآمد کے لئے مسلم ممالک پر ہی انحصار کرنے پر مجبور ہے۔ اپنے جس پڑوسی ملک افغانستانن کے مسلمانوں کو ہندوستانی شہریت دینے سے انکار کیا جارہا ہے اسی ملک سے بڑے پیمانے پر پیاز کی درآمد کی جارہی ہے۔ افغانستان، ترکی اور مصر سے روزانہ کئی ٹرک پیاز ہندوستان کو سپلائی کی جارہی ہے۔ روزنامہ ہندو میں پی ٹی آئی کے حوالہ سے ۵ دسمبر کو شائع خبر کے مطابق ترکی کو چار ہزار ٹن پیاز فراہم کرنے کا آرڈر جاری کیا گیا ہے۔ جو جنوری میں سربراہ کئے جانے کی توقع ہے۔ اسی طرح ترکی سے کل گیارہ ہزار ٹن اور مصر سے ۶۰۹۰ ٹن پیاز ہندوستان میں درآمد کی جارہی ہے۔ پیاز سے بھرے دس تا پندرہ ہزار افغانی ٹرک ہر روز واگھ ہائی وے سے امرتسر پہنچ رہے ہیں۔ حالانکہ ہندوستان اور پاکستان کے درمیان اس راستہ سے تجارتی سرگرمیاں مسدود ہیں۔ لیکن پاکستان اور افغانستان کے درمیان ہوئے تجارتی معاہدوں کی رو سے افغانستان کو اس راستہ کے استعمال کا اختیار ہے۔ ہندوستانی مسلمانوں سے دوہرا معیار اور عرب ممالک سے بہترین تعلقات اور پھر عرب ممالک میں غیر مسلم تارکین ہند کے ساتھ عربوں کے بہترین سلوک سے حکومت ہند کے دوغلے پن کا اظہار ہوتا ہے۔ این آر سی اور شہریت ترمیمی بل جیسے فیصلون سے قبل حکومت ہند خاص کر وزیر اعظم نریندر مودی اور بی جے پی کے چانکیہ وزیر داخلہ امیت شاہ کو ایک بار ضرور سوچنا چاہئے کہ سعودی عرب، متحدہ عرب امارات اور بحرین جیسے عرب ممالک نے وزیر اعظم نریندر مودی کو اعلی ترین سیول اعزاز عطا کیا ہے۔ کم از کم ان مسلم ممالک میں اپنی ساکھ کو برقرار رکھنے کے لئے ہی سہی نریندر مودی کو ہندوستانی مسلمانوں کے ساتھ منصفانہ رویہ اختیار کرنا چاہئے۔

☆☆☆

شائع شدہ: روزنامہ اعتماد ۲۲/ دسمبر ۲۰۱۹

کالم: ۱۰

ہندوستان میں اسرائیلی پالیسیاں!

ہندوستان کی موجودہ صورتحال پر مسلم ممالک کی تنظیم او آئی سی اور وزیر اعظم ملیشیا مہاتر محمد کے بیانات ایسے وقت سامنے آئے جب کہ وزیر اعظم نریندر مودی دہلی کے رام لیلا میدان میں ایک جلسہ کو مخاطب کرتے ہوئے مسلم ممالک میں ان کی توقیر و عزت اور ان کے بہتر تعلقات کا ذکر کرتے ہوئے منہ میاں مٹھو بن رہے تھے۔ نریندر مودی نے عرب ملکوں اور خاص طور پر خلیجی ممالک کا تذکرہ کرتے ہوئے ان ممالک کے سربراہوں سے اپنے بہتر تعلقات کا دعویٰ کیا۔

نریندر مودی نے اپنی تقریر میں عرب ممالک کا تذکرہ تو کیا لیکن اسرائیل سے اپنے جذباتی اور دلی لگاؤ اور غیر معمولی دلچسپی کا تذکرہ کرنا بھول گئے۔ صدر اسرائیل سے ان کا یارانہ اتنا گہرا ہے کہ ان کے دورہ اسرائیل کے موقع پر نتن یاہو نے کہا تھا کہ اسرائیل کئی برسوں سے نریندر مودی کا انتظار کر رہا تھا۔ بی جے پی حکومت کی اسرائیل نوازی کوئی ڈھکی چھپی بات نہیں ہے۔ ۲۰۱۴ء میں برسر اقتدار آنے کے بعد سے ہی بی جے پی حکومت اپنے اقدامات کے ذریعہ ہندو راشٹرا کی سمت تیزی سے قدم بڑھا رہی ہے۔ ہندو راشٹرا کا یہ نظریہ در حقیقت اسرائیل کے نظریات پر ہی مبنی ہے۔

طلاق ثلاثہ بل، کشمیر میں دفعہ ۳۷۰ کی برخاستگی، بابری مسجد پر سپریم کورٹ کا فیصلہ اور اس پر نظر ثانی کی درخواست کا ابتدائی مرحلہ میں اخراج پر ملک میں عوام کی خاموشی نے حکومت کے عزائم کو تقویت عطا کی اور پھر مختلف گوشوں سے تنبیہ کے باوجود مودی اور شاہ کی حکومت نے شہریت ترمیمی بل کو پارلیمنٹ میں پاس کر کے اسے قانون میں تبدیل کر دیا۔ اس پر بھی ملک کے عوام نے

ابتداء میں سرد مہری کا مظاہرہ کیا تاہم دہلی کی جامعہ ملیہ اسلامیہ سے ایک ایسی چنگاری اٹھی کہ ملک بھر میں جنگل کی آگ کی طرح پھیل گئی۔ بضد طلبہ اور نوجوانوں کے احتجاج کے مد نظر وزیر اعظم اور وزیر داخلہ کے تیور میں کچھ نرمی آئی اور این آر سی پر ملک گیر سطح پر عمل آوری سے پیچھے ہٹنے کے اشارے دئے گئے لیکن این پی آر کے ذریعہ مردم شماری کے لئے ہونے والے سروے میں نت نئے سوالات کا اضافہ کر کے مبینہ طور پر چور دروازے سے این آر سی پر عمل کرنے کے احکامات جاری کئے گئے۔ مختلف گوشوں سے اس کے خلاف جدوجہد جاری ہے۔ صدر کل ہند مجلس اتحاد المسلمین ورکن پارلیمنٹ بیرسٹر اسد الدین اویسی نے نیشنل پاپولیشن رجسٹر (این پی آر) کے نئے سوالنامہ کے ذریعہ این آر سی پر عمل آوری کے خلاف زبردست محاذ کھول دیا ہے۔ عوامی جلسوں اور ٹی وی مباحثوں کے ذریعہ وہ عوام میں شعور بیدار کر رہے ہیں۔

پیشوایان ہندوتوا، گولوالکر اور ساورکر نے متعدد بار ہٹلر اور اسرائیل کی نہ صرف تائید وحمایت کی بلکہ ہندوستان کو ان کے نظریات پر عمل پیرا ہونے کی ضرورت پر زور دیا۔ ان قائدین کی مسلمانوں کے خلاف نفرت سے بھری تحریریں تاریخ کا سیاہ باب ہے جسے کبھی فراموش نہیں کیا جاسکتا۔ ایک مرتبہ ساورکر نے کہا تھا کہ جب ملک میں ہندو قوم مضبوط ہو جائے گی تو مسلم لیگ کے نظریات پر عمل کرنے والے مسلمانوں کو جرمن کے یہودیوں کا کردار ادا کرنا پڑے گا۔ لندن اسکول آف اکنامکس کے پروفیسر سومنترا بوس نے اپنی تحقیق میں دعویٰ کیا کہ ۱۹۲۰ء کی دہائی میں ہی وی ڈی ساورکر نے قیام اسرائیل کی تائید وحمایت کر دی تھی۔

کشمیر میں دفعہ ۳۷۰ کی برخاستگی پر ہندوستان کو اسرائیل کے مماثل قرار دیا جانے لگا۔ گریٹر اسرائیل کے قیام کے لئے جس طرح مختلف ملکوں کے یہودیوں کو لا کر اسرائیل میں بسایا گیا اسی طرح گریٹر ہندو راشٹرا کے نظریہ کے تحت کشمیر کی خود مختاری ختم کر دی گئی تا کہ یہودیوں ہی کی طرح ہندوؤں کو مختلف علاقوں سے لا کر کشمیر میں بسایا جائے۔ شہریت ترمیمی بل کے ذریعہ پاکستان، افغانستان اور بنگلہ دیش کے غیر مسلم عوام کو بہ آسانی ہندوستانی شہریت عطا کرنے کے درپردہ گریٹر ہندو راشٹرا

کے لئے ہندوؤں کی آبادی میں اضافہ کرنا اصل مقصد سمجھا جارہا ہے۔ اس قانون کو بی جے پی، آر ایس ایس، وشوا ہندو پریشد، بجرنگ دل وغیرہ کے اس خوف کے تناظر میں دیکھا جانا چاہئے جس میں وہ ہندوؤں کو اس بات سے خوفزدہ کرنے کی متعدد بار کوشش کرتے رہے ہیں کہ مستقبل میں ہندوستان میں مسلمانوں کی آبادی ہندوؤں سے تجاوز کرجائے گی۔ اس کے علاوہ ۲۰۲۴ء کے اگلے پارلیمانی انتخابات میں بی جے پی کے ووٹ بینک میں زبردست اضافہ ہوگا۔

فلسطینی علاقوں میں یہودی بستیوں کو آباد کرنے کے طرز پر کشمیر میں ہندوؤں کو آباد کرکے ملک کی واحد مسلم اکثریتی ریاست پر ہندوؤں کا غلبہ قائم کرنا حکومت کا اصل مقصد ہے۔ کشمیر میں بڑی تعداد میں گرفتاریاں، دفعہ ۱۴۴ اور کرفیو کا نفاذ، قتل و غارت گری، احتجاجیوں پر مظالم، اذیت رسانی، انٹرنیٹ پر پابندی جیسے اقدامات کی ملک کے مختلف علاقوں میں توسیع کی جارہی ہے۔ شہریت ترمیمی قانون کے خلاف احتجاجی طلبہ پر پولیس کی فائرنگ، مسلمانوں کے گھروں میں زبردستی گھس کر پولیس کی جانب سے لوٹ مار کے واقعات پولیس مظالم کی بدترین مثال ہیں۔ جامعہ ملیہ اسلامیہ، علی گڑھ مسلم یونیورسٹی، اتر پردیش کے مختلف شہروں اور کرناٹک میں پولیس مظالم کے واقعات فلسطین کے حالات کی بھرپور عکاسی کرتے ہیں۔ انٹرنیٹ خدمات کو مسدود کرکے حکومت ہند طلبہ کے احتجاج کو دبانے کی کوشش کررہی ہے۔ احتجاج پر قابو پانے کے لئے مواصلات پر پابندی کا طریقہ بھی ہندوستان نے اسرائیل سے ہی سیکھا ہے۔ اسرائیل کا یہ نظریہ رہا ہے کہ مواصلات پر پابندی عائد کردی جائے تو احتجاج کو مزید علاقوں میں پھیلنے سے روکا جاسکتا ہے۔

احتجاجیوں پر گولیاں چلانے کے واقعات صرف کشمیر میں ہوا کرتے تھے لیکن بی جے پی کے زیر حکومت ریاستوں کی بہادر پولیس خاص کر اتر پردیش پولیس نے احتجاجیوں پر گولیاں برسانے اور مسلمانوں کے گھروں میں زبردستی داخل ہوکر لوٹ مار مچانے کے ذریعہ پولیس ظلم کی ایک نئی داستان لکھ دی۔ ان واقعات کے ویڈیوز دیکھ کر بلاشبہ اسرائیلی فوج کی جانب سے فلسطینی عوام پر ڈھائے جانے والے مظالم کی یاد تازہ ہوجاتی ہے۔ ملک کے مختلف علاقوں میں پولیس ظلم کے متعدد

واقعات کے بعد وزیر اعظم نریندر مودی نے پولیس کی پیٹھ تھپتھپا کر یہی پیغام دیا کہ پولیس ظلم اور غنڈہ گردی کی ان کارروائیوں کو بی جے پی حکومت کی مکمل سرپرستی اور بھرپور تعاون حاصل ہے۔

شہریت ترمیمی بل پر مباحث کے دوران پارلیمنٹ میں متعدد ارکان نے بی جے پی حکومت پر الزام عائد کیا کہ وہ اسرائیلی حکومت کے نقش قدم پر چل رہی ہے۔ راشٹریہ جنتا دل کے رکن راجیہ سبھا پروفیسر منوج کمار جھانے اپنی تقریر میں کہا کہ اب ہندوستان اسرائیل کے ماڈل پر پوری طرح سے عمل پیرا ہے۔ جامعہ ملیہ اسلامیہ میں المنائی اسوسی ایشن ریاض کی جانب سے جامعہ کی ۹۹ ویں یوم تاسیس تقریب میں بطور مہمان خصوصی شرکت کرتے ہوئے پروفیسر جھانے حاضرین کو ملک کی صورتحال سے واقف کروایا۔ اسوسی ایشن کے صدر آفتاب علی نظامی نے اعلان کیا کہ جامعہ کے طلباء وطالبات کے ساتھ یگانگت کا اظہار کرتے ہوئے اس سال یوم تاسیس کے موقع پر ملک میں این آر سی کے اثرات کے موضوع پر سیمنار منعقد کرنے کا فیصلہ کیا گیا۔ اس تقریب کے موقع پر صحافیوں سے گفتگو کرتے ہوئے پروفیسر جھانے کہا کہ ہندوستان ایک وسیع و عریض سمندر ہے جب کہ اسرائیل چھوٹا سا تالاب ہے۔ ہمارا ملک ایسا سمندر ہے جس میں کئی ندیاں آکر شامل ہوگئیں۔ آج بی جے پی حکومت نے ایک ہی جھٹکے میں ہندوستان کو اسرائیل جیسا ملک بنانے کا راستہ کھول دیا ہے۔ ایک سوال کے جواب میں انہوں نے کہا کہ ۱۹۲۵ء میں آر ایس ایس کے قیام سے ہی وہ لوگ ہٹلر کے نازی اور اٹلی کے مسولینی اور ۱۹۴۹ء میں اسرائیل کی تشکیل کے بعد اس کو نظریات سے متاثر رہے ہیں۔ ان کے مطابق قانون ساز ادارہ کی اکثریت کو ملک کے اخلاقی تانے بانے سے چھیڑ چھاڑ کرنے کا کوئی اختیار نہیں ہے۔ اسی وجہ سے انہوں نے سپریم کورٹ سے قوی امید ظاہر کی کہ عدالت عظمیٰ اس قانون کو کالعدم کردے گی۔

پروفیسر منوج جھانے کہا کہ ہندوستان کے بنیادی نظریہ کو بچانے کے لئے اب ہمارے بچے سڑکوں پر نکل آئے ہیں۔ بی جے پی حکومت لاکھ کوشش کرلے لیکن ہندوستان کو ہندوراشٹرا بنانے میں کبھی کامیاب نہیں ہوگی۔ بی جے پی برسراقتدار آنے کے چھ سال بعد عوام حکومت کے خلاف اپنے طور

پر سڑکوں پر نکل آئی ہے۔ طلبہ اور نوجوانوں کے اس احتجاج میں سیاسی جماعتوں کا کوئی عمل دخل نہیں ہے۔ حالانکہ بی جے پی قائدین کا کہنا ہے کہ ان نوجوانوں کو اپوزیشن جماعتیں بھڑکا رہی ہیں۔ اس الزام کے جواب میں منوج جھا کہتے ہیں کہ اگر ہم میں اتنی طاقت ہوتی تو آج ہم برسر اقتدار ہوتے۔

اسی ہفتہ آرگنائزیشن آف اسلامک کنٹریس کی انڈی پنڈنٹ پرمنٹ ہیومن رائٹس کمیشن نے ہندوستان کی موجودہ صورتحال پر تشویش کا اظہار کرتے ہوئے پر تشدد واقعات کی مذمت کی ہے۔ کمیشن نے اقوام متحدہ کے اس موقف کا خیر مقدم کیا جس میں اقوام متحدہ نے کہا کہ شہریت ترمیمی قانون بنیادی طور پر امتیاز پر مبنی ہے۔ او آئی سی نے حکومت ہند سے ہندوستانی مسلمانوں کے تحفظ کو یقینی بنانے کی اپیل کی ہے۔ ملیشیاء کے وزیر اعظم مہاتر محمد نے اپنے بیان میں کہا کہ ان کے ملک میں بلاکسی تفریق کے ایسے کئی افراد کو شہریت دی گئی ہے جو اس کے اہل بھی نہیں ہیں۔ انہوں نے سوال کیا کہ اگر ان کا ملک بھی ہندوستان کی طرح پالیسی اختیار کرے تو کیا حالات پیدا ہوں گے، اس بات پر غور کرنے کی ضرورت ہے۔

بہر حال بی جے پی حکومت ہندوستان میں اسرائیل کی پالیسیوں پر عمل پیرا ہوتے ہوئے ہندوستان کو ہندو راشٹر ابنانے کی کوششوں میں مصروف ہے۔ شہریت ترمیمی بل کے خلاف متعدد قائدین نے عدالت عظمیٰ میں عرضیاں داخل کی ہیں۔ اس سلسلہ میں سپریم کورٹ کیا فیصلہ کرے گی اور بی جے پی حکومت کا آئندہ کالائحہ عمل کیا ہوگا یہ تو آنے والا وقت ہی بتائے گا۔

☆☆☆ شائع شدہ: روزنامہ اعتماد ۲۹/ دسمبر ۲۰۱۹

کالم: ۱۱

لمحوں نے خطا کی تھی صدیوں نے سزا پائی

امریکی ڈرون حملوں میں جنرل قاسم سلیمانی اور دیگر اہم فوجی عہدیداروں کی ہلاکت کے رد عمل کے طور پر عراق میں امریکی فوجی ٹھکانوں پر ایران کے حملوں سے دونوں ممالک کے درمیان جنگ کی صورتحال پیدا ہوگئی تھی۔ ایرانی اعلی رہنما آیت اللہ خامنہ ای نے خطہ سے امریکی افواج کی بے دخلی کے عزائم ظاہر کئے تاہم امریکی صدر ڈونالڈ ٹرمپ نے ایران کے ساتھ بات چیت کی پیشکش کرتے ہوئے اپنے جارحانہ عزائم سے قدم پیچھے کھینچ لئے۔ جنرل قاسم سلیمانی کی ہلاکت کے بعد ٹرمپ نے کہا تھا کہ اگر ایران اس کے جواب میں کوئی کارروائی کرتا ہے تو امریکہ اس کا منہ توڑ جواب دے گا۔ انہوں نے ایران کے ۵۲ ثقافتی مراکز پر حملوں کی دھمکی دی تھی۔ امریکہ صدر ڈونالڈ ٹرمپ نے اچانک اپنا موقف نرم کرتے ہوئے ایران کے ساتھ مذاکرات کی بات کی۔ اقوام متحدہ کو تحریر کردہ مکتوب میں امریکہ نے کہا کہ وہ ایران سے سنجیدہ مذاکرات کے لئے تیار ہے تاہم امریکہ کی اس پیشکش کو ایران نے مسترد کر دیا۔ امریکہ کی جانب سے ایران پر عائد کردہ پابندیوں کے تناظر میں ایران نے امریکہ کی اس تجویز کو دھوکہ دہی سے تعبیر دیتے ہوئے اسے ٹھکرا دیا۔

جنرل قاسم سلیمانی کی ہلاکت کے بعد ایران نے امریکہ سے اس کا بدلہ لینے کا عزم کیا تھا اور اس کے رد عمل کے طور پر عراق میں واقع دو امریکی فوجی اڈوں پر میزائل حملہ کر دیا۔ بغداد کے مغرب میں واقع عین الاسعد کے فوجی اڈے اور کردستان کی دارالحکومت اربیل میں واقع فوجی اڈے پر کئے گئے حملہ میں ایران نے لگ بھگ ۱۸۰ افراد کی ہلاکت اور ۲۰۰ کے زخمی ہونے کا دعویٰ کیا تھا تاہم امریکہ

نے اس حملہ میں کسی بھی جانی نقصان کی تردید کی۔

امریکی فوجی اڈوں پر حملوں کے چند ہی گھنٹوں بعد ایرانی وزیر خارجہ جواد ظریف نے ٹویٹ کے ذریعہ کہا کہ ایران نے اقوام متحدہ کے چارٹر کے تحت اپنے دفاع میں یہ قدم اٹھایا ہے تاہم ایران خطہ میں مزید کشیدگی نہیں چاہتا۔ امریکی ٹھکانوں پر کئے گئے حملوں پر اپنا ردعمل ظاہر کرتے ہوئے ایران کے اعلیٰ رہنما آیت اللہ خامنہ ای نے ان حملوں کو امریکہ کے منہ پر طمانچہ قرار دیا۔ امریکی افواج کے خلاف کی گئی کارروائی کو ناکامی قرار دیتے ہوئے انہوں نے خطہ سے امریکی افواج کے خاتمہ کو ضروری قرار دیا۔

امریکہ نے ایران کے اہم ترین فوجی کمانڈر جنرل قاسم سلیمانی کو ایسے وقت حملہ کر کے مار دیا جب کہ ڈونالڈ ٹرمپ کو مواخذہ کا سامنا ہے اور اسی سال امریکہ میں صدارتی انتخابات بھی منعقد ہونے والے ہیں۔ ایسے میں امریکی صدر ڈونالڈ ٹرمپ نے جنرل قاسم سلیمانی کو مارنے کے احکامات جاری کر کے امریکی عوام کو یہ تاثر دینے کی کوشش کی کہ انہوں نے امریکہ کے سب سے بڑے دشمن کا خاتمہ کر دیا ہے۔ سیاسی مبصرین کے مطابق ٹرمپ اس کارروائی کے ذریعہ امریکی عوام کے دلوں میں گھر کرنا چاہتے ہیں۔ سابق امریکی صدر بارک اوباما کے دور اقتدار میں اسامہ بن لادن کو ہلاک کیا گیا تھا۔ ٹرمپ نے اپنے دور اقتدار میں ابو بکر بغدادی اور جنرل سلیمانی کو مار کر خود کو اوباما سے بڑا ہیرو اور طاقتور قائد ثابت کرنے کی کوشش کی تاہم یہ تو آنے والا وقت ہی بتائے گا کہ انہیں امریکی عوام کی کتنی تائید حاصل ہے۔ امریکہ کے مطابق مرحوم جنرل قاسم سلیمانی نے خلیجی خطہ میں شیعہ افواج کا دبدبہ بنانے میں اہم ترین رول ادا کیا تھا۔ نہ صرف ایران بلکہ عراق، یمن، اور شام میں بھی ان کے زبردست رسوخ تھے۔ امریکہ کے حلیف اکثر اسلامی ممالک سنی اکثریت کے حامل ہیں۔ لہٰذا امریکی صدر کو اس کارروائی پر اپنے حلیف ممالک سے کسی مخالفت کا خدشہ نہیں تھا۔ اسرائیل کے خلاف نبرد آزما حزب اللہ کو تقویت دینے میں بھی قاسم سلیمانی کا اہم رول ہے۔ لہٰذا ان کی موت سے امریکہ کو اسرائیل کی خوشنودی بھی حاصل ہو جائے گی۔ ایران اور امریکہ کے درمیان بڑھتی

کشید گی کے دوران اور ایسے وقت میں جب کہ جنگ شروع ہونے کے آثار نمایاں تھے، امریکہ نے ایران سے مذاکرات کی پیشکش کر کے نہایت ہی خوش آئند قدم اٹھایا ہے۔ اگر کشید گی میں اضافہ ہوتا اور دونوں ممالک جنگ کے لئے آگے بڑھتے تو خطے میں بڑی جنگ کا خدشہ تھا۔ اگر جنگ میں امریکہ کی اتحادی افواج شامل ہو جائیں تو ایران کی تائید و حمایت میں چین اور روس کے میدان میں اترنے کے امکانات تھے۔ اگر ایسا ہو جاتا تو یقیناً حالات انتہائی کشیدہ ہو جاتے اور دنیا کے کئی ممالک پر اس کے منفی اثرات مرتب ہوتے۔ بہر حال ڈونالڈ ٹرمپ نے اپنے جارحانہ موقف سے کیوں قدم پیچھے ہٹا لئے، اس بارے میں کچھ کہنا مشکل ہے۔ تاہم امریکہ کا یہ کہنا ہے کہ وہ خطہ میں کسی بھی صورت میں جنگ نہیں چاہتا۔ جنگ ہونے کی صورت میں مخالفین کے ساتھ ساتھ امریکی اور اتحادی افواج کو بھی نقصانات کا سامنا کرنا پڑتا۔ ایسی صورت میں امریکی افواج کی ہلاکتوں پر امریکی عوام کے رد عمل سے ٹرمپ کی سیاسی طور پر نقصان پہنچتا۔ لہذا ایسا لگتا ہے کہ ٹرمپ کے سیاسی مشیروں نے عوامی مفاد کو محسوس کرتے ہوئے انہیں بروقت جنگ نہ کرنے کا مشورہ دیا۔ دوسری وجہ یہ بھی ہوسکتی ہے کہ خلیجی ممالک میں امریکی افواج بڑی تعداد میں تعینات ہیں اور ان ملکوں میں جنگ کی صورت میں تجارتی سرگرمیاں ٹھپ ہو کر رہ جاتی ہیں۔ امریکہ نے دہشت گردی کے خلاف لڑائی میں داعش کے خلاف ایک عرصہ تک محاذ آرائی کے بعد اپنی توجہ داعش سے ہٹادی اور ساری توانائیاں ایران کی مخالفت میں جھونک دی۔ ایران اور امریکہ کے درمیان متعدد بار ٹکراؤ کی صورتحال پیدا ہوئی اور کشید گی میں مسلسل اضافہ ہوتا گیا۔ ایران کے جنزل قاسم سلیمانی کی ہلاکت اور اس کے رد عمل کے طور پر عراق میں امریکی فوجی اڈوں پر ایران کے حملوں کے بعد صورتحال اس قدر کشیدہ ہو چکی تھی کہ اسے جنگ کا پیش خیمہ قرار دیا جارہا تھا۔ یہاں تک کہ چند مبصرین نے تیسری جنگ عظیم کے شروع ہونے کا خدشہ ظاہر کر دیا۔ امریکہ کی جانب سے اقوام متحدہ کو لکھے گئے مکتوب میں ایران سے مذاکرات کی پیشکشی پر اگر ایرانی حکومت مثبت رد عمل ظاہر کرتی ہے اور اگر دونوں ممالک کھلے دل سے بات چیت کے لئے آمادہ ہو جائیں تو یہ نہ صرف مشرق وسطی بلکہ ساری

دنیا کے لئے خوش آئند ہو گی۔ عالمی برادری نے دونوں ممالک سے صبر و تحمل سے کام لینے کی اپیل کی ہے۔ برطانیہ، جرمنی، روس، چین، متحدہ عرب امارات، جاپان، سعودی عرب نے مشرق وسطی میں کشیدگی کو کم کرنے اور دونوں ممالک سے مزید کوئی کارروائی نہ کرنے کی اپیل کی ہے۔ مشرق وسطی کے مختلف ممالک میں تقریباً ۷۰ ہزار امریکی فوجی تعینات ہیں۔ ان میں قطر، کویت، بحرین، متحدہ عرب امارات، سعودی عرب، عمان، شام، عراق کے علاوہ افغانستان بھی شامل ہیں۔ خلیج میں کشیدگی سے ہندوستان پر بھی منفی اثرات مرتب ہوں گے۔ ملک میں پٹرول کی زیادہ تر ضروریات، ایران اور سعودی عرب سے ہی پوری ہوتی ہیں۔ حالات کی کشیدگی سے تیل کی قیمت میں اضافہ ہو گا۔ جس سے ضروری اشیاء اور خدمات بھی مہنگی ہو جائیں گی۔ پہلے ہی معاشی تنگی کے شکار ہندوستان کو مزید پریشانیوں کا سامنا کرنا پڑ سکتا ہے۔ پٹرول کے ساتھ ساتھ سونے کی قیمت میں بھی اضافہ ہو گا اور شیئر بازار پر بھی صورتحال کے منفی اثرات پڑیں گے۔ خلیجی ممالک میں ۸ ملین ہندوستانی تارکین وطن برسرکار ہیں۔ جو سالانہ چالیس بلین ڈالر زر مبادلہ اپنے ملک کو روانہ کرتے ہوئے ملک کی معیشت میں اہم رول ادا کرتے ہیں۔ یہ زر مبادلہ ملک کے معاشی استحکام میں کافی اہمیت کا حامل ہیں۔ خلیجی ممالک سے بھیجی جانے والی رقومات کا نصف حصہ ہے۔ خلیج میں کشیدگی، عدم استحکام یا جنگ کی صورت میں اگر تارکین ہند کو وطن لوٹنا پڑے تو اس سے ملک کی معیشت پر منفی اثر ہو گا۔

ایران ہندوستان کا اہم تجارتی شراکت دار ہے۔ اگر امریکہ کی جانب سے ایران پر مزید معاشی پابندیاں عائد کی جاتی ہیں تو اس سے ہندوستان اور ایران کے مابین ہونے والی تجارتی سرگرمیاں متاثر ہوں گی۔ اور چین کو صورتحال سے فائدہ اٹھانے کا سنہری موقع مل جائے گا۔ تاریخ گواہ ہے کہ جنگوں میں تباہی و بربادی کے علاوہ کسی کو کوئی فائدہ نہیں ہوتا۔ دنیا میں اپنا دبدبہ اور تسلط قائم رکھنے کے لئے چند طاقتور ممالک دیگر ملکوں کو اپنی مٹھی میں رکھنا چاہتے ہیں۔ ان ممالک کی کوشش رہتی ہے کہ دیگر ممالک ہمیشہ ان کے تابع رہیں لیکن ہر وقت ان کی کوشش پوری ہو جائے تو یہ کسی بھی طرح ممکن نہیں۔ ضرورت اس بات کی ہے کہ امریکہ اور ایران جلد بازی یا جوش میں کوئی فیصلہ نہ

کریں بلکہ دور اندیشی سے کام لیتے ہوئے قیام امن کے لئے پیش قدمی کریں۔ چند لمحوں میں لئے گئے غلط فیصلوں کے دوررس اثرات بر آمد ہوں گے اور اس ضمن میں یہی کہا جاسکتا ہے کہ "لمحوں نے خطاء کی تھی صدیوں نے سزا پائی۔"

☆☆☆   شائع شدہ: روزنامہ اعتماد ۱۲؍ جنوری ۲۰۲۰

کالم: ۱۲

بڑا شور سنتے تھے پہلو میں دل کا

شہریت ترمیمی قانون، این آر سی اور این پی آر کے خلاف ملک کے طول و عرض میں جاری شدید احتجاجی مظاہروں اور کشمیر میں دفعہ ۳۷۰ کی برخاستگی کے بعد پچھلے ۵ ماہ سے بھی زیادہ عرصہ سے جاری پابندیوں کے باعث بیرونی ممالک میں ہندوستان کی شبیہہ بری طرح متاثر ہوئی ہے۔ ۲۰۱۴ء میں برسر اقتدار آنے کے بعد سے وزیر اعظم نریندر مودی نے کئی ممالک کا دورہ کرکے کئی ممالک کے ساتھ ہندوستان کے تعلقات بہتر بنانے کا دعویٰ کیا۔ بی جے پی حکومت کی پہلی میعاد کی تکمیل تک یوں لگ رہا تھا کہ وزیر اعظم کے بیرونی دوروں سے ملک کو کچھ نہ کچھ تو فائدہ ضرور ہوگا لیکن پچھلے سال منعقدہ پارلیمانی انتخابات کے بعد دوبارہ برسر اقتدار آنے کے بعد نریندر مودی اور امیت شاہ کے جارحانہ اقدامات اور عوام دشمن پالیسیوں کے باعث حکومت کو نہ صرف ملک میں مخالفت کا سامنا کرنا پڑرہا ہے بلکہ بیرونی ممالک کی جانب سے بھی بی جے پی حکومت کے اقدامات پر تنقیدیں کی جانے لگیں۔ بیرونی ممالک کے جن حکمرانوں سے نریندر مودی اپنی گہری دوستی کا دعویٰ کرتے تھے۔ ان حکمرانوں نے بھی مودی کو ٹھینگا دکھانا شروع کردیا۔

امریکی صدر ڈونالڈ ٹرمپ تو نریندر مودی کے یار ہیں۔ نریندر مودی کے دورہ امریکہ کے موقع پر انہوں نے اپنے پروگرام ہاوڈی موڈی کو اپنے یار ٹرمپ کی انتخابی ریالی میں تبدیل کردیا تھا۔ اتنا گہرا دوستانہ اور بہترین تعلقات کے باوجود امریکہ نے ہندوستان کو اپنے اہم ترین مشن سے واقف کروانے میں بری طرح نظر انداز کردیا۔ امریکی صدر ڈونالڈ ٹرمپ نے جب ایران کے اعلیٰ فوجی

کمانڈر جنرل قاسم سلیمانی کو مارنے کے احکامات امریکی فوج کو جاری کئے تو امریکی خارجہ سکریٹری مائک پامپیو نے متعدد ممالک کے وزرائے خارجہ، وزرائے اعظم یا فوجی سربراہوں کو اس فیصلے سے واقف کروایا۔ چین، روس، برطانیہ، فرانس اور جرمنی کے علاوہ صدر افغانستان اشرف غنی اور پاکستانی فوجی سربراہ قمر جاوید باجوا کو بھی فون کر کے اس حملہ کی اطلاع دی گئی لیکن امریکہ نے ہندوستان کے کسی بھی قائد کو اس حملہ کی اطلاع دینا ضروری نہیں سمجھا۔

امریکہ کی جانب سے ہندوستان کو بری طرح نظر انداز کئے جانے کے بعد ہندوستان کی اعلیٰ قیادت کو بے عزتی کے کڑوے گھونٹ پی کر خاموشی اختیار کرنے کے علاوہ اور کوئی چارہ ہی نہیں بچا۔ وقت کی مناسبت کو دیکھتے ہوئے نریندر مودی نے ڈونالڈ ٹرمپ سے بات کرنے کا ایک بہانہ ڈھونڈ نکالا اور ۷ جنوری کو نئے سال کی مبارکباد دینے کے بہانے امریکی صدر ڈونالڈ ٹرمپ کو فون کیا تاہم ٹرمپ نے دوران گفتگو امریکہ کی ایران کے ساتھ جاری کشیدگی کا ذکر تک نہیں کیا۔

اسی دوران بیرونی ممالک میں ہندوستان کی ساکھ کو بہتر بنانے کی کوشش کے طور پر مرکزی حکومت نے دہلی میں مقیم بیرونی ممالک کے سفیروں کو کشمیر کا دورہ کروایا۔ اس دورہ کے ذریعہ حکومت نے بیرونی ممالک کو یہ پیغام دینے کی کوشش کی کہ وادی کشمیر میں حالات تیزی سے نارمل ہو رہے ہیں۔ جموں و کشمیر میں پچھلے پانچ ماہ سے بھی زیادہ عرصہ سے جاری پابندیوں کے باعث یوروپی یونین کے ممالک کے سفیروں نے اس دورہ میں حصہ نہیں لیا۔ تقریباً پندرہ ممالک کے سفیروں نے کشمیر کا دورہ کیا۔

دنیا کے مختلف ممالک کی جانب سے کشمیر میں عائد کردہ پابندیوں کی مخالفت کے پیش نظر اس دورہ کا اہتمام کیا گیا تھا تاہم یوروپی یونین کے ممالک نے اس دورہ کا اس لئے بائیکاٹ کیا کہ اس میں کشمیر کے تین سابقہ چیف منسٹرس سے ملاقات کو پروگرام میں شامل نہیں کیا گیا تھا۔

وزارت خارجہ کے ترجمان نے بتایا کہ کشمیر کا دورہ کرنے والے بیرونی سفارتکاروں کی کشمیر کے سیاسی قائدین، فوجی عہدیداروں، مقامی صحافیوں، اور سماج کے اہم قائدین سے ملاقات کروائی گئی لیکن یہ

ایک حقیقت ہے کہ ہندوستانی حکومت نے ان سفارت کاروں کو کشمیر میں صرف وہی دکھایا جو وہ بیرونی ممالک کو دکھانا چاہتی تھی۔

بی جے پی حکومت کے عوام دشمن اقدامات کے خلاف ملیشیائی وزیر اعظم مہاتر محمد کے تنقیدی بیان پر ہندوستان نے وہاں سے پام آئیل کی درآمد پر پابندی عائد کر دی۔ ہندوستان کے اس اقدام پر رد عمل ظاہر کرتے ہوئے مہاتر محمد نے اپنا موقف جوں کا توں برقرار رکھنے کا اعلان کیا۔ دی اسٹار آن لائن کی رپورٹ کے مطابق انہوں نے ہندوستان کی جانب سے عائد کردہ پابندی پر تشویش تو ظاہر کی تاہم کہا کہ وہ غلط اقدامات کے خلاف اپنے خیالات ضرور ظاہر کرتے رہیں گے۔

صحافیوں سے گفتگو کرتے ہوئے مہاتر محمد نے کہا کہ ان کا ملک بڑی مقدار میں ہندوستان کو پام آئیل سربراہ کرتا ہے اور ہندوستان اس کا ایک بڑا مارکٹ ہے تاہم صرف تجارت کو مد نظر رکھ کر کسی بھی قسم کی ناانصافی پر خاموشی اختیار نہیں کرسکتے۔ جو غلط ہو رہا ہے ہم اسے غلط کہتے رہیں گے۔ اسی دوران ملیشیا کے متعلقہ عہدیداروں نے کہا کہ وہ اپنے ملک کے پام آئیل کی دیگر ممالک میں سربراہی میں اضافہ کی کوشش کر رہے ہیں۔ ہندوستان کی پابندی سے ملیشیا کو جو نقصان ہوگا اس کی پابجائی کے لئے پاکستان، مائنمار، ویتنام، سعودی عرب اور فلپائن میں پام آئیل کی فروختگی میں اضافہ کی کوشش کی جارہی ہے۔

اسی ہفتہ دنیا کے تمام ممالک کے پاسپورٹس کی عالمی رینکنگ (Ranking) منظر عام پر لائی گئی جس کے مطابق ہندوستان کے پاسپورٹ کی رینکنگ پچھلے سال کی بہ نسبت دو درجہ کم ہوگئی۔ ہندوستان کا پاسپورٹ پچھلے سال ۸۲ ویں رینک پر تھا تاہم اس سال یہ دو درجہ گھٹ کر ۸۴ ہوگیا۔

بی جے پی حکومت کے برسر اقتدار آنے سے قبل ۲۰۱۳ء اور ۲۰۱۴ء میں اس فہرست میں ہندوستانی پاسپورٹ علی الترتیب ۷۴ اور ۷۶ ویں پوزیشن پر تھا۔ بی جے پی حکومت کے برسر اقتدار آنے کے بعد وزیر اعظم نریندر مودی کے بیرونی دوروں سے اس فہرست میں ہندوستانی پاسپورٹ کی قدر میں اضافہ کی بجائے مسلسل گراوٹ ریکارڈ کی گئی ہے۔ ہنلی اینڈ پارٹنرس (& Henley

Partners) کی جانب سے ہر سال ترتیب دی جانے والی اس فہرست میں قبل از وقت ویزا کے حصول کے بغیر راست سفر کرنے والے ممالک کی تعداد کی بنیاد پر رینکنگ کی جاتی ہے۔ ہندوستانی پاسپورٹ کے حامل مسافرین بغیر کسی ویزا کے ۵۸ ممالک کا سفر کر سکتے ہیں۔ ان میں وہ ممالک بھی شامل ہیں جہاں ائیر پورٹ پر On Arrival ویزا فراہم کیا جاتا ہے۔ موریطانیہ اور تاجکستان کے پاسپورٹ رکھنے والے مسافرین بھی ۵۸ ممالک کا سفر بغیر ویزا کے کر سکتے ہیں۔ اس طرح تینوں ممالک ہندوستان، موریطانیہ اور تاجکستان کو یکساں رینک دیا گیا ہے لہذا یہ تینوں ممالک کے پاسپورٹس کی اس عالمی فہرست میں ۸۲ ویں پوزیشن پر ہیں۔

بی جے پی حکومت اور خاص کر نریندر مودی نے دنیا بھر میں گھوم گھوم کر اپنی حکومت کی کامیابی کے ڈھنڈورے پیٹے۔ چند ممالک کے ساتھ ملک کے تعلقات بہتر ہوئے اس بات سے انکار نہیں کیا جا سکتا لیکن کشمیر کے حالات اور ملک کے مختلف علاقوں میں جاری احتجاجی مظاہروں پر بیرونی ممالک میں ہندوستان کی امیج متاثر ہونے پر ہم صرف اتنا کہیں گے کہ

بڑا شور سنتے تھے پہلو میں دل کا
جو چیرا تو اک قطرۂ خون بھی نہ نکلا

☆☆☆ شائع شدہ: روزنامہ اعتماد، ۱۹ / جنوری ۲۰۲۰

کالم: ۱۳

کرونا وائرس کا قہر

چین کے شہر ووہان سے شروع ہونے والا کرونا وائرس دنیا کے (118) ممالک میں پھیل چکا ہے اور اس سے ایک لاکھ پچیس ہزار افراد متاثر ہو چکے ہیں جب کہ مختلف ممالک میں ۳۹۰۰ سے زیادہ افراد ہلاک ہو چکے ہیں۔

چین، ترکی، ایران سب سے زیادہ متاثرہ ممالک ہیں تاہم امریکہ، یورپ اور کئی عرب ممالک میں بھی متاثرین کی تعداد میں مسلسل اضافہ ہو رہا ہے جس کی وجہ سے کئی ممالک میں خوف کی لہر پیدا ہو گئی ہے۔ کئی ممالک میں تعلیمی اداروں اور تفریحی مقامات کو بند کر دیا گیا ہے اور کئی ممالک نے مختلف متاثرہ ممالک کے سفر پر پابندی عائد کر دی ہے۔ کئی ممالک میں اسٹاک مارکیٹ بری طرح گر چکی ہے اور کئی شعبوں میں کاروبار ٹھپ ہو کر رہ گیا ہے خاص طور پر سیاحت، ایر لائنس، ہوٹل وغیرہ زیادہ متاثر ہیں۔ مختلف ایر لائنس کمپنیوں نے اپنی ہزاروں پروازیں منسوخ کر دی ہیں۔ امریکہ کے مختلف شہروں میں خوف کے باعث لوگ غذائی اشیاء، پانی کی بوتلیں وغیرہ بڑی تعداد میں خرید کر گھروں میں ذخیرہ کر رہے ہیں جس کی وجہ سے مارکٹ میں کئی اشیاء کی قلت ہو گئی ہے۔ معاشی عدم استحکام کے باعث دنیا کی معیشت کے بری طرح متاثر ہونے کا خطرہ لاحق ہو گیا ہے۔ چین میں اب تک (۳۱۶۹) افراد ہلاک ہو چکے ہیں جبکہ اٹلی میں مہلوکین کی تعداد (۱۰۶۹) ہے جب کہ ایران میں (۴۲۹) افراد ہلاک ہو چکے ہیں۔ امریکہ، فرانس، جنوبی کوریا، اسپین اور دیگر کئی ممالک میں متاثرین کی تعداد میں مسلسل اضافہ ہو رہا ہے۔ کرونا وائرس کے خطرہ سے نمٹنے کے لئے دنیا کے

کئی ممالک احتیاطی تدابیر کے طور پر بین الاقوامی سفر پر پابندی عائد کر دی ہے۔ امریکہ کے یوروپی ممالک کے مسافرین کی امریکہ آمد پر ۳۰ دن کے لئے پابندی عائد کر دی ہے۔

اٹلی میں کھانے پینے کی اشیاء، فارمیسی اور ٹرانسپورٹیشن کے علاوہ تمام خدمات کو بند کر دیا گیا ہے اور عوام کو بلاضرورت گھروں سے نہ نکلنے کی ہدایت دی گئی ہے۔

جرمن چانسلر انجیلا مرکل نے خدشہ ظاہر کیا ہے کہ جرمنی کی ۸۳ء۷ ملین آبادی میں ۷۰ فیصد افراد متاثر ہو سکتے ہیں۔ اسی طرح امریکہ میں (۱۵۰) ملین افراد کے متاثر ہونے کا خدشہ ظاہر کیا جارہا ہے

۔

جمعرات کی شب تک امریکہ میں کورونا وائرس کی وجہ سے (۳۹) افراد ہلاک ہو چکے ہیں۔

کرونا وائرس کا خوف اس قدر شدید ہے کہ دنیا بھر کے کئی شہروں کی مصروف ترین سڑکیں بھی ویرانی کا منظر پیش کر رہی ہیں۔

خلیجی ممالک میں احتیاطی تدابیر کے طور پر مختلف ممالک سے پروازوں کی آمد کو منسوخ کر دیا گیا ہے جب کہ تجارتی سرگرمیاں بری طرح متاثر ہو چکی ہیں۔ سعودی عرب میں زائرین عمرہ، سیاحوں اور ویزٹ ویزا پر آنے والوں پر پابندی عائد کر دی گئی ہے جب کہ پچاس ممالک کی پروازوں کو معطل کر دیا گیا ہے۔ ان میں (۲۸) یوروپی ممالک، (۷) افریقی ممالک (۶) ایشیائی ممالک اور (۹) عرب ممالک شامل ہیں۔

کورونا وائرس کے قہر سے متاثرہ ممالک اس وبا سے جوجنے کے لئے بھاری رقومات پر مبنی بجٹ مختص کر چکے ہیں۔ دنیا کو درپیش زبردست چیالنج کے درمیان بھی چند ممالک اس پر بھی سیاست کرنے سے باز نہیں آرہے ہیں۔

ایران کے انقلابی گارڈس کے سربراہ حسین سلامی نے خدشہ ظاہر کیا ہے کہ کورونا وائرس امریکہ کی جانب سے پھیلایا گیا حیاتیاتی ہتھیار (Biological weapon) ہو سکتا ہے کیونکہ اس وباء نے امریکہ کے مخالف ممالک چین اور ایران کو سب سے زیادہ متاثر کیا ہے۔ یہاں اس بات کا تذکرہ بھی

بے جانہ ہو گا کہ ایران میں کورونا وائرس سے متاثر ہونے والوں میں کئی اعلیٰ عہدیدار اور اراکین پارلیمنٹ بھی شامل ہیں۔

بحرین نے ایران پر ''حیاتیاتی جارحیت'' کا الزام عائد کرتے ہوئے کہا ہے کہ عرب دنیا خاص کر خلیجی ممالک میں کورونا وائرس کا مرکز ہے۔ جہاں سے یہ وبا خلیجی ممالک میں داخل ہوئی ہے۔ ان ممالک میں اکثر وہی لوگ متاثر ہوئے ہیں جنہوں نے ایران کا سفر کیا ہو۔ اکثر شیعہ طبقہ کے افراد مقامات مقدسہ کی زیارت کے لئے ایران کا سفر کرتے ہیں۔ خلیجی ممالک کے اکثر متاثرین ان مقدس مقامات کی زیارت کر کے وطن لوٹنے پر ہی بیمار ہوئے ہیں۔

بحرین نے ایران پر احتیاطی تدابیر اختیار نہ کرنے اور ملک میں کورونا وائرس کی وبا ظاہر ہونے کے بعد بین الاقوامی مسافرین کو سفر کی اجازت دینے میں لاپرواہی کا الزام عائد کیا ہے۔ بحرینی وزیر داخلہ جنرل شیخ راشد بن عبداللہ الخلیفہ نے ایران کی اس لاپرواہی کو بین الاقوامی قوانین کی خلاف ورزی قرار دیا ہے کیوں کہ ایران نے کئی مسافرین کی صحت و سلامتی کے ساتھ کھلواڑ کیا ہے۔ ایران سے بحرین واپس لائے گئے شہریوں میں (۷۷) افراد کورونا وائرس سے متاثر پائے گئے ہیں جب کہ مزید شہریوں کی دوسرے طیارے سے آمد متوقع ہے۔

سعودی عرب نے ایران کو اس لئے تنقید کا نشانہ بنایا کہ ایران میں کورونا وائرس کی وباء پھیلنے کے باوجود اس نے سعودی اور دیگر ممالک کے کئی شہریوں کو ایران میں داخل ہونے کی اجازت دی۔

امریکی سنٹرل کمانڈ کے سربراہ جنرل کینیتھ میک کنزی (Kenneth Mckenzie) نے الزام عائد کیا کہ ایران کورونا وائرس کے متاثرین اور مہلوکین کی صحیح تعداد دنیا کے سامنے پیش نہیں کر رہا ہے۔

کورونا وائرس کی وبا سے متعلق ایک نظریہ یہ بھی ہے کہ یہ خود چین کی پیداوار ہے اور چینی سائنس دانوں کی لاپرواہی کی وجہ سے چین میں اس کی وباء پھوٹ پڑی۔ تاہم اس نظریہ کے حق میں ابھی تک کوئی ٹھوس دلائل منظر عام پر نہیں لائے گئے ہیں۔

حالانکہ چین نے کورونا وائرس کی وبا پر کسی حد تک قابو پانے کا دعوی کیا ہے تاہم چین پر بھی الزام ہے کہ وہاں خبروں کو سنسر کیا جارہا ہے۔ کورونا وائرس سے متعلق چینی شہریوں کی جانب سے انٹرنیٹ پر پیش کردہ کئی شکایتی ویڈیوس کو ہٹادیا گیا ہے۔

اقوام متحدہ کے ادارہ یو این کانفرنس آن ٹریڈ اینڈ ڈیولپمنٹ (UNCTAD) نے انتباہ دیا ہے کہ کورونا وائرس کی وجہ سے دنیا کے کئی ممالک مالی بحران کا شکار ہوسکتے ہیں۔ عالمی معیشت کو زبردست نقصان ہوسکتا ہے اور عالمی آمدنی میں دو ٹریلین ڈالر کی کمی واقع ہوسکتی ہے۔

کورونا وائرس پر قابو پانے کی تمام کوششیں ناکافی ثابت ہورہی ہیں جب کہ اس وبا سے متاثرہ ممالک نے اس کے مقابلہ اور ریسرچ کے لئے بھاری رقومات مختص کی ہیں۔ اٹلی نے (۲۸) بلین ڈالر اور جرمنی نے ایک بلین پونڈ کا بجٹ اس مقصد کے لئے مختص کیا ہے۔

کورونا وائرس دنیا کے لئے ایک زبردست چیالنج بنا ہوا ہے۔ جب کہ کئی ممالک پابندیوں کے باعث دنیا سے الگ تھلگ ہوکر رہ گئے ہیں۔ کئی ممالک میں اسپورٹس اور تفریحی پروگرامس بھی منسوخ کردئے گئے ہیں۔

ادھر امریکہ کے مختلف شہروں میں خوف کا ماحول پایا جاتا ہے۔ امریکی صدارتی انتخابات سے قبل کورونا وائرس کی وبا امریکی حکومت کے لئے چیالنج بن سکتی ہے اور خاص طور پر انتخابی مہم پر اس کے گہرے اثرات مرتب ہوسکتے ہیں۔

☆☆☆ شائع شدہ: روزنامہ اعتماد ۱۵/مارچ ۲۰۲۰

کالم: ۱۴

صدی کی ڈیل یا بیت المقدس کا سودا؟

اسرائیل اور فلسطین کے درمیان طویل عرصہ سے جاری تنازعہ کے حل کے نام پر امریکی صدر ڈونالڈ ٹرمپ نے ایسا ناپاک منصوبہ جاری کیا ہے جس میں مسلمانوں کے قبلہ اول بیت المقدس کو یہودیوں کے حوالے کرتے ہوئے اسے اسرائیل کا دارالخلافہ بنانے کی بات کہی گئی ہے۔ جب کہ فلسطینی ریاست کا دارالحکومت مشرقی بیت المقدس کے ایک حصہ میں قائم کرنے کی تجویز پیش کی گئی ہے۔

صدی کی ڈیل (Deal Of the Century) کے نام سے جاری کردہ اس نام نہاد منصوبہ کو عالم اسلام نے مسترد کر دیا ہے۔ یہودیوں سے وفاداری اور اسرائیل نوازی کی تمام حدوں کو پار کرتے ہوئے امریکی صدر نے اس منصوبہ کے ذریعہ اسرائیل کے تمام ناپاک عزائم کی تکمیل کے لئے راہ ہموار کرنے کی مبینہ کوشش کی ہے۔

مقبوضہ فلسطین کے علاقوں میں اسرائیل نے بڑے پیمانے پر یہودی بستیاں آباد کی ہیں۔ غرب اردن کے فلسطینی علاقوں میں چار لاکھ یہودیوں کو بسایا گیا ہے جب کہ بیت المقدس میں دولاکھ یہودی آباد ہیں۔ اقوام متحدہ کی نظر میں یہ بستیاں غیر قانونی ہیں لیکن اسرائیل اور امریکہ اس سے اتفاق نہیں کرتے۔ اس منصوبہ میں یہ کہا گیا ہے کہ اسرائیل اگلے چار برسوں تک فلسطینی علاقوں میں مزید یہودیوں کو آباد نہیں کرے گا۔ تاہم پہلے سے ہی مقبوضہ علاقوں میں غیر قانونی طور پر آباد یہودیوں کے بارے میں کچھ نہیں کہا گیا۔

امریکی صدر ڈونالڈ ٹرمپ کے داماد جارد کشنر کی جانب سے تیارہ کردہ یہ منصوبہ کچھ عرصہ سے زیر بحث رہا ہے۔ یہ منصوبہ دو حصوں پر مشتمل ہے۔ منصوبہ کے پہلے حصہ میں غزہ اور مغربی کناروں کے علاقوں میں سرمایہ کاری کے لئے عرب ممالک کو راغب کرنے کی کوشش کی گئی۔ اس ضمن میں جولائی میں بحرین میں معاشی چوٹی کانفرنس منعقد کرتے ہوئے عرب ممالک کے سامنے اس منصوبہ کی تفسیلات پیش کی گئی تھیں۔ امریکہ کی دعوت کو قبول کرتے ہوئے بیشتر عرب ممالک نے اس کانفرنس میں شرکت کی تھی تاہم فلسطین نے اس کانفرنس کا بائیکاٹ کیا تھا۔ معاشی تجاویز اور سرمایہ کاری کی پیشکش پر مبنی پہلے حصہ کی بحرین میں پیشکشی کے بعد اب امریکی صدر ڈونالڈ ٹرمپ نے وہائٹ ہاؤز میں اس منصوبہ کا دوسرا حصہ جاری کیا جو سیاسی تجاویز پر مبنی ہے۔ اس منصوبہ کی اجرائی کے وقت اسرائیلی صدر بنجامن نتن یاہو بھی امریکی صدر کے ساتھ موجود تھے جب کہ فلسطین کی کوئی نمائندگی نہیں تھی کیوں کہ یہ منصوبہ اسرائیل نواز ہے اور اسرائیل کو خوش کرنے کے لئے بنایا گیا ہے اس لئے اسرائیلی صدر نے بخوشی اس میں شرکت کی۔

بیت المقدس کی اسرائیل کو حوالگی کی تجویز پر مبنی اس مبینہ منصوبہ کو عالم اسلام نے پوری طرح مسترد کر دیا ہے۔

فلسطینی اتھارٹی کے سربراہ محمود عباس نے یہ کہتے ہوئے اس منصوبہ کو مسترد کرنے کا اعلان کیا کہ اس منصوبے کے ذریعہ فلسطینی عوام کے دیرینہ حقوق پر ڈاکہ ڈالنے کی ناکام کوشش کی گئی ہے۔ اس منصوبہ کو ٹرمپ اور نتین یاہو کی سازش قرار دیتے ہوئے انہوں نے کہا کہ انہیں فلسطینی عوام کے حقوق کی سودے بازی کا کوئی اختیار نہیں ہے۔ صدی کی ڈیل کو صدی کا طمانچہ قرار دیتے ہوئے محمود عباس نے کہا کہ سابقہ منصوبوں کی طرح اس منصوبے کو بھی تاریخ کے کوڑے دان میں پھینک دیا جائے گا اور اس کا کوئی مستقبل نہیں ہوگا۔

اس منصوبہ کی اجرائی کے موقع پر ڈونالڈ ٹرمپ نے انتباہ دیا کہ فلسطینیوں کے لئے تاریخ کا شائد یہ آخری موقع ہوگا جس کے ذریعہ وہ اسرائیل سے کوئی مفاہمت کر سکیں گے۔

مصر میں منعقدہ عرب لیگ کے وزرائے خارجہ کے ایمرجنسی اجلاس میں فیصلہ کیا گیا کہ اس منصوبہ کی عمل آوری میں عرب ممالک امریکہ کے ساتھ کوئی تعاون نہیں کریں گے کیونکہ اس منصوبہ میں فلسطینی عوام کے دیرینہ حقوق کو پوری طرح سے نظر انداز کر دیا گیا ہے اور امریکی صدر نے خود کہا کہ وہ اسرائیلی ریاست اور یہودی عوام کے ساتھ ہیں۔ اس اجلاس میں اس بات پر زور دیا گیا کہ ۲۰۰۲ میں اختیار کردہ عرب امن کی پہل(Arab peace initiative)ہی ایک واحد تجویز ہے جو عالم عرب کو قابل قبول ہے۔ اقوام متحدہ کے فریم ورک کے تحت مذاکرات کے ذریعہ حالات بحال کرنے پر زور دیا گیا۔

صدی کی ڈیل پر عمل آوری کے خلاف انتباہ دیتے ہوئے کہا گیا کہ اس پر عمل آوری کی صورت میں جو بھی صورتحال پیدا ہوگی اس کے لئے امریکہ اور اسرائیل پوری طرح ذمہ دار ہوں گے۔ فلسطینی کاز اور القدس کی عرب شناخت عالم اسلام کے لئے ہمیشہ اہمیت کی حامل رہے گی، اور علام اسلام فلسطینی عوام کے ساتھ ہے۔

(۵۷) اسلامی ممالک کی نمائندہ تنظیم آرگنائزیشن آف اسلامک کنٹریز(OIC) کے جدہ میں منعقدہ اجلاس میں اس منصوبہ کو مسترد کرتے ہوئے اعلان کیا گیا کہ اسرائیل کی جانب سے تمام مقبوضہ علاقوں سے دستبرداری سے ہی قیام امن کو یقینی بنایا جاسکتا ہے۔

سعودی وزیر خارجہ شہزادہ فیصل بن فرحان نے عرب لیگ کے اجلاس کو مخاطب کرتے ہوئے اعادہ کیا کہ سعودی عرب فلسطینی عوام کے ساتھ ہے اور ان کے جائز حقوق کے لئے ہر بین الاقوامی فورم پر ان کے ساتھ کھڑا رہے گا۔

صدر ترکی رجب طیب اردگان نے کہا کہ اگر اب مسلمان اپنے قبلہ اول کی حفاظت میں ناکام ہو جاتے ہیں اور بیت المقدس ہمارے ہاتھ سے نکل جاتا ہے تو پھر مستقبل میں ہم مکہ اور مدینہ کو بھی نہیں بچا پائیں گے۔

صدی کی ڈیل میں فلسطینی علاقوں میں اسرائیل کے قبضہ کے عوض فلسطینی علاقوں میں پچاس ملین

ڈالر کی سرمایہ کاری کی پیشکش کی گئی ہے۔ عرب ممالک کو اسی سرمایہ کاری کی جانب راغب کرنے کے لئے ڈونالڈ ٹرمپ کے داماد اور اس کے مشیر جارد کشنر نے بحرین میں منعقدہ اجلاس میں اس منصوبہ کی معاشی تفصیلات عرب ممالک کے سامنے پیش کی تھی۔ فلسطینی اتھارٹی نے اس اجلاس کا بھی بائیکاٹ کیا تھا۔ اب امریکی صدر ڈونالڈ ٹرمپ کی جانب سے اس منصوبہ کا دوسرا ''سیاسی'' حصہ پیش کئے جانے کے بعد تمام عالم اسلام میں شدید بے چینی پائی جاتی ہے۔ فلسطینی عوام اس منصوبہ کے خلاف احتجاج کرتے ہوئے سڑکوں پر نکل آئے۔

سیاسی تجزیہ نگاروں کا خیال ہے کہ امریکی صدر ڈونالڈ ٹرمپ نے نومبر میں منعقد شدنی صدارتی انتخابات کے پیش نظر یہودی لابی کی خوشنودی حاصل کرنے کے لئے یہ منصوبہ جاری کیا ہے۔ امریکہ کے صدارتی عہدہ کے لئے انتخابی مہم میں یہودی لابی کے اہم ترین رول اور ان کی فنڈنگ کوئی ڈھکی چھپی بات نہیں ہے۔ ڈونالڈ ٹرمپ اگلے صدارتی انتخابات میں کامیابی حاصل کر کے دوبارہ کرسی صدارت پر براجمان ہونے کے لئے ہر طرح سے ایڑی چوٹی کا زور لگا رہے ہیں۔ اس پس منظر میں یہ امن منصوبہ امریکی صدر ڈونالڈ ٹرمپ کا سیاسی حربہ بھی ہو سکتا ہے۔ عام طور پر یہ کہا جاتا ہے کہ سیاست میں سب کچھ جائز ہے۔ اب دیکھنا ہے کہ امریکہ کے صدارتی انتخابات تک ڈونالڈ ٹرمپ اور کیا کیا کارنامے انجام دیتے ہیں۔ کہا تو یہ جا رہا ہے کہ وہ اپنے مقصد کے حصول میں کسی بھی حد تک جا سکتے ہیں۔ امریکہ کی سیاسی بساط پر ان کی اور کیا کیا چالیں ہوں گی یہ تو آنے والا وقت ہی بتائے گا۔

☆☆☆ شائع شدہ: روزنامہ اعتماد ۹ر فروری ۲۰۲۰

کالم: ۱۵

کرونا وائرس، لاک ڈاؤن اور تارکین ہند

کورونا وائرس کی وجہ سے دنیا کے کئی ممالک لاک ڈاؤن میں ہیں جب کہ اس وائرس نے دنیا بھر میں اب تک (۲۰) لاکھ سے زیادہ افراد کو متاثر کیا ہے جب کہ ایک لاکھ (۳۰) ہزار سے زیادہ افراد اس وائرس کا شکار ہو کر فوت ہو چکے ہیں۔

امریکہ میں (۳۱) ہزار سے زیادہ افراد لقمہ اجل بن چکے ہیں جب کہ اٹلی، اسپین، فرانس اور برطانیہ میں بھی بڑی تعداد میں لوگ متاثر اور فوت ہو چکے ہیں۔ مرنے والوں کی تعداد کے حساب سے امریکہ سرفہرست ہو چکا ہے۔

لاک ڈاون، کرفیو اور دیگر پابندیوں کی وجہ سے دنیا کے کئی ممالک میں لوگ اپنے گھروں میں محروس ہو گئے ہیں۔ ضروریات زندگی سے متعلق چند مخصوص شعبوں کو ہی کام کرنے کی اجازت حاصل ہے جس میں فارمیسی، ڈیری، پولٹری وغیرہ شامل ہیں۔ عوام کو ضروری اشیاء کی خریدی کے لئے مخصوص اوقات میں ہی گھر سے باہر نکلنے کی اجازت ہے۔

عام طور پر بھیڑ بھاڑ سے بھرے رہنے والے بازاروں پر اب سناٹا چھایا ہوا ہے۔ عام تجارتی سرگرمیاں ٹھپ ہو کر رہ گئی ہیں جب کہ عالمی سطح تک معیشت بری طرح متاثر ہوئی ہے کئی شعبوں میں دفاتر اور کارخانے بند کر دیئے گئے ہیں جب کہ چند کمپنیوں نے اپنے کچھ ملازمین کو گھر سے کام کرنے کی اجازت دی ہے۔ ایسے میں کئی ممالک میں بڑے پیانے پر ملازمتوں کے ختم ہو جانے اور کئی افراد کے بیروزگار ہونے کا خدشہ لاحق ہے۔

مختلف ممالک میں مقیم ہندوستانی تارکین وطن تذبذب کا شکار ہیں۔ کئی افراد کا مستقبل غیر یقینی نظر آتا ہے جب کہ کئی ملازمین کو اپنے سر پر تلوار لٹکتی نظر آرہی ہے۔ کورونا وائرس پر قابو پانے میں کتنا وقت لگے گا اس بارے میں ابھی کچھ نہیں کہا جاسکتا لیکن اتنا تو یقینی ہے کہ تجارتی سرگرمیوں اور مارکٹوں کی رونقیں واپس لوٹنے میں طویل عرصہ درکار ہوگا۔

موجودہ صورتحال میں خلیجی ممالک میں مقیم تارکین ہند اور مغربی ملکوں امریکہ، برطانیہ، آسٹریلیا وغیرہ میں مقیم ہندوستانی ملازمین اور یونیورسٹیز میں زیر تعلیم طلباء و طالبات کو مختلف قسم کے مسائل کا سامنا ہے۔

اپنی فیمیلی کے ساتھ رہنے والوں کا جیسے تیسے وقت گزر ہی جاتا ہے لیکن افراد خاندان سے دور تنہا رہنے والے بیچلرس کی زندگی بہت دشوار ہے۔ دفاتر بند ہونے کے باعث کئی افراد گھروں میں ہی بند ہیں۔ سبھی کو صورتحال کے نارمل ہونے اور دفاتر کے دوبارہ کھلنے کا انتظار ہے لیکن گھر میں بیٹھے سبھی افراد کو اس بات کی شدید فکر ہے کہ اس دوران ان کی تنخواہوں کی ایصالی کا کیا ہوگا۔ تجارتی سرگرمیوں کے ٹھپ ہوجانے کے باعث تمام کمپنیوں کی آمدنی بھی متاثر ہوئی اس لئے ملازمین کی تنخواہیں ادا کرنا سبھی کمپنیوں کے کے لئے ممکن نہیں ہوگا۔ بہرحال بیرونی ممالک میں مقیم تارکین ہند موجودہ صورتحال میں بہت مشکل دور سے گزر رہے ہیں۔

سعودی عرب کی بات کی جائے تو یہاں بھی مختلف شہروں میں کئی افراد ہر روز کورونا وائرس سے متاثر ہورہے ہیں۔ کل (۳۸۰۶) افراد اب تک اس سے متاثر ہوچکے ہیں۔ جب کہ (۵۳۰۷) افراد زیر علاج ہیں۔ ان میں (۷۱) کی حالت تشویشناک بتائی گئی ہے۔ اب تک (۹۹۰) افراد علاج کے بعد صحتیاب ہوچکے ہیں۔ یہاں سعودی عرب میں کورونا وائرس سے اب تک مرنے والوں کی تعداد (۸۳) ہے۔ سفیر ہند برائے سعودی عرب ڈاکٹر اوصاف سعید کے مطابق ان مہلوکین میں دو ہندوستانی شہری شامل ہیں۔ یہ دو اموات ریاض اور مدینہ منورہ میں واقع ہوئی ہیں اور دونوں کا تعلق ریاست کیرالا سے تھا۔

کورونا وائرس کا مقابلہ کرنے اور خلیجی ممالک میں مقیم ہندوستانی تارکین وطن کی فلاح و بہبود کو یقینی بنانے کے لئے خلیجی ملکوں کے ہندوسبانی سفراء کا گروپ تشکیل دیا گیا ہے جو مشترکہ طور پر ایک دوسرے کے تعاون سے کام کریں گے۔ سعودی عرب میں سفارتخانہ ہند ریاض اور قونصل خانہ ہند جدہ موجودہ صورتحال پر گہری نظر رکھے ہوئے ہے۔ سفیر ہند برائے سعودی عرب ڈاکٹر اوصاف سعید نے منگل کو مملکت کے مختلف شہروں ریاض، جدہ، دمام اور جبیل میں مقیم ہندوستانی سماجی کارکنوں کے ساتھ ویڈیو کانفرنس کے ذریعہ تبادلہ خیال کیا اور موجودہ صورتحال میں تارکین ہند کو درپیش مختلف مسائل پر گفتگو کی۔ قونصل جنرل ہند جدہ نور رحمٰن شیخ نے آن لائن اجلاس میں شرکت کی۔

چہارشنبہ کو زوم اپلیکیشن کے ذریعہ ڈاکٹر اوصاف سعید نے آن لائن پریس کانفرنس کو مخاطب کیا جس میں سعودی عرب کے مختلف شہروں میں مقیم ہندوستانی صحافیوں نے شرکت کی۔ سفیر ہند نے بتایا کہ حکومت ہند بیرونی ممالک کی حکومتوں اور ہندوستانی سفارتخانوں سے مسلسل رابطہ میں ہے اور تارکین ہند کی صورتحال پر مسلسل نظر رکھے ہوئے ہے۔

پچھلے کچھ دن سے سوشیل میڈیا پر ایسی افواہیں گشت کررہی ہیں کہ خلیجی ممالک مختلف ممالک کے تارکین وطنن کو اپنے اپنے ملک واپس لوٹانے یا طویل چھٹی پر بھیجنے کی منصوبہ بندی کررہے ہیں تاہم ڈاکٹر اوصاف سعید نے کہا کہ تارکین ہند کی وطن واپسی کا کوئی منصوبہ ابھی زیر غور نہیں ہے۔ جب حالات سازگار ہوجائیں گے تو اس پر غور کیا جائے گا۔ اس میں بھی ویزٹ ویزہ پر آکر رکے ہوئے افراد کو ترجیح دی جائے گی۔

ضرورت مند تارکین ہند کو راشن کی سربراہی کے بارے میں انہوں نے کہا کہ سفارتخانہ ہند ریاض اور قونصل خانہ ہند جدہ اس ضمن میں مختلف تنظیموں اور سماجی کارکنوں سے ربط میں ہے اور ضرورت مند افراد تک راشن سربراہ کرنے کے اقدامات کئے جائیں گے۔

ہندوستانی اسکولس میں زیر تعلیم طلباء کی فیس سے متعلق انہوں نے بتایا کہ صرف دس فیصد اولیائے

طلباء اپنے بچوں کی فیس جمع نہیں کر پائے ہیں۔ ان کے ساتھ رعایت کے بارے میں ہائیر بورڈ کے آئندہ اجلاس میں غور کیا جائے گا۔

سعودی عرب میں سرگرم سماجی کارکنوں کی لیبر کیمپس تک رسائی اور ضرورتمند ہندوستانیوں کی امداد کے ضمن میں انہوں نے واضح کیا کہ سعودی عرب کی وزارت داخلہ اور وزارت صحت کے تعاون سے ہی یہ ممکن ہو سکتا ہے۔ موجودہ صورتحال میں سفارتخانہ ہند سماجی کارکنوں کو کرفیو پاس جاری کرنے کی مجاز نہیں ہے۔

ڈاکٹر اوصاف سعید نے اس بات کا بھی انکشاف کیا کہ سفارتخانہ ہند کے زیر اہتمام چلائے جانے والے مدارس کو قرنطینہ کے مراکز میں تبدیل کرنے کے بارے میں غور کیا جارہا ہے اور ہائیر بورڈ کے اگلے اجلاس میں اس بارے میں سنجیدگی سے تبادلہ خیال کیا جائے گا۔

یہاں اس بات کا ذکر بے جانہ ہوگا کہ خلیجی ممالک میں مزدور طبقہ افراد کو کمپنیوں کی جانب سے فراہم کردہ رہائش گاہوں اور غریب مزدوروں کی پرائیویٹ رہائش گاہوں میں سماجی دوری کو برقرار رکھنا بہت مشکل ہے کیونکہ ایک ہی کمرہ میں کئی افراد رہائش پذیر ہیں۔ اس صورتحال کو مدنظر رکھتے ہوئے سعودی عرب کی وزارت تعلیم نے تعلیمی اداروں کی (۳۴۴۵) عمارتوں کو احتیاطی طور پر مزدوروں کی رہائش کے لئے استعمال کرنے کا اعلان کیا ہے۔ سعودی وزیر تعلیم و صدر نشین بورڈ آف تکنیکل اینڈ ووکیشنل ٹریننگ کارپوریشن ڈاکٹر حماد الشیخ نے اس سلسلہ میں مختلف شہروں کی بلدیات کو احکامات جاری کر دیئے ہیں۔

سفیر ہند نے مزید بتایا کہ سفارتخانہ ہند سعودی عرب کی ان تمام کمپنیوں سے رابطہ میں ہے جہاں بڑی تعداد میں ہندوستانی تارکین ملازمت کرتے ہیں۔ ہندوستانی ڈاکٹرس کا ایک گروپ تشکیل دیا گیا ہے جو طبی مشورہ کے لئے آن لائن دستیاب رہے گا۔ سفارتخانہ ہند اور قونصل خانہ ہیلپ لائن کے ذریعہ تارکین ہند کی خدمات کے لئے چوبیس گھنٹے دستیاب ہے۔

ڈاکٹر اوصاف سعید نے کورونا وائرس کے اثرات کے ضمن میں کہا کہ ہندوستان اور سعودی عرب کی

صورتحال اس معاملہ میں دیگر کئی ممالک سے کافی بہتر ہے۔ وزیر اعظم نریندر مودی نے خلیجی ممالک کے ہندوستانی سفیروں سے آن لائن اجلاس کے ذریعہ خطاب کیا اور ان ممالک کی صورتحال کا جائزہ لیا۔

کورونا وائرس کی روک تھام کے لئے سعودی حکومت کی جانب سے کئے جا رہے اقدامات کی ستائش کرتے ہوئے انہوں نے سعودی حکومت سے اظہار تشکر کیا اور سعودی عرب میں مقیم تارکین ہند سے اپیل کی کہ حکومت کی جانب سے جاری کردہ احکامات پر عمل کریں اور تمام احتیاطی تدابیر اختیار کرتے ہوئے اپنے گھروں میں ہی رہیں اور بلاوجہ گھر سے باہر نہ نکلیں۔

☆☆☆ شائع شدہ: روزنامہ اعتماد ۱۹؍ اپریل ۲۰۲۰

کالم: ١٦

خلیج میں آر ایس ایس کی مخالف اسلام مہم بری طرح ناکام

وزیر اعظم نریندر مودی بڑے ہی فخر کے ساتھ اس بات کا ڈھنڈورا پیٹتے رہتے ہیں کہ عرب اور خاص کر خلیجی ممالک کے ساتھ ان کے گہرے، قریبی اور دوستانہ تعلقات ہیں۔ ان ملکوں نے نریندر مودی کے دورہ پر ان کا والہانہ استقبال کیا اور انہیں اعلی ترین اعزاز سے بھی نوازا لیکن زعفرانی بریگیڈ کے سنگھی ٹولے نے سوشیل میڈیا پر اسلام اور مسلمانوں کے خلاف زہر افشانی کے ذریعہ خلیجی ممالک میں ہندوستان کی ساکھ کو داؤ پر لگا دیا۔

ہندوستان میں کورونا وائرس کے پھیلنے میں مسلمانوں اور خاص کر تبلیغی جماعت کو ذمہ دار قرار دیتے ہوئے میڈیا نے جو زہر اگلا اور اس زہریلے پروپیگنڈہ کے زیر اثر ہندوستان میں مسلمانوں پر مختلف قسم کے مظالم کے بعد بیرونی مالک میں مقیم سنگھی ٹولہ بھی سوشیل میڈیا پر سرگرم ہو گیا لیکن خلیجی ممالک کے با اثر شخصیات نے اس نفرت بھری مہم کا جواب دینا شروع کیا اور متعلقہ حکام کو اس کی اطلاع دی تو ان بھگتوں کے ہاتھ پاؤں پھولنے لگے اور مارے ڈر کے کئی بھکتوں نے سوشیل میڈیا پر اپنے اکاؤنٹس ہی بند کر لئے لیکن اس وقت تک بہت دیر ہو چکی تھی اور خلیجی ممالک میں ہندوستان کی ساکھ متاثر ہونے لگی۔

مختلف شعبوں سے تعلق رکھنے والے با اثر افراد کی جانب سے ہندوستان میں مسلمانوں پر کئے جا رہے مظالم کے خلاف بھی آوازیں اٹھنے لگیں۔ وکلاء اور سماجی جہد کاروں کے بشمول کئی افراد نے اس مسئلہ کو بین الاقوامی فورمس میں پیش کرنے کا اعلان کر دیا۔ عالمی ادارہ صحت، اقوام متحدہ، امریکہ

اور دیگر ممالک کی جانب سے کورونا وائرس کو مذہبی رنگ نہ دیئے جانے کے بیانات کے بعد یہ مہم ہندوستان کے لئے ایک نیا سر درد ثابت ہوئی اور دیکھتے ہی دیکھتے ہندوستانی قیادت اور وزارت خارجہ میں زبردست کہرام مچ گیا اور سفارت کاری کے ذریعہ ملک کی ساکھ کو بچانے کے اقدامات شروع کر دئے گئے۔ ارو پھر بالآخر وزیر اعظم نریندر مودی خود میدان میں کود پڑے اور انہوں نے ٹوئیٹر کے ذریعہ بھگتوں کو پیغام دیا کہ کورونا وائرس ذات پات، رنگ، نسل و علاقائی سرحدوں کو دیکھ کر نہیں آتا۔ اسی لئے ہم سب کو مل جل کر اور متحدہ طور پر اس وباء کا مقابلہ کرنا چاہئے۔ اسی دوران خلیجی ممالک میں متعین ہندوستانی سفارت کاروں نے سوشیل میڈیا کے ذریعہ وہاں مقیم تارکین ہند کو نفرت بھرے پروپیگنڈے اور افواہیں پھیلانے کے خلاف انتباہ دیا۔

آر ایس ایس ٹولے کے سنگھیوں نے جب سوشیل میڈیا سے اپنے پروفائلس اور اکاؤنٹس بند کر لئے تو اسے وزیر اعظم کے پیغام کا اثر سمجھا جانے لگا لیکن حقیقت یہ ہے کہ خلیجی ممالک کے سخت قوانین کے خوف سے بھکتوں نے یہ اقدام کئے۔

اسی اثناء میں بنگلور کے بی جے پی رکن پارلیمنٹ تیجسوی سوریہ کا ایک پرانا ٹوئیٹ منظر عام پر لایا گیا جس میں انہوں نے انتہائی نازیبا الفاظ کے ساتھ عرب خواتین کی بے عزتی کی تھی۔ اس پر بھی سوشیل میڈیا اور خاص کر ٹوئیٹر پر پھر سے ایک ہنگامہ کھڑا ہو گیا۔ اس ٹوئیٹ کے حوالے سے ہندوستانی حکومت سے طرح طرح کے سوالات کئے جانے لگے۔ دریافت کیا گیا کہ آیا بی جے پی رکن پارلیمنٹ کے خیالات سے پارٹی قیادت اتفاق کرتی ہے۔ چند عرب حضرات نے لکھا کہ ممکن ہے کہ مستقبل میں سوریہ مرکزی وزیر خارجہ بھی بن جائیں لیکن کبھی خلیجی ممالک کا دورہ کرنے کا خیال بھی نہ لائیں کیونکہ یہاں ان کا خیر مقدم نہیں کیا جائے گا۔ متذکرہ بالا ٹوئیٹ ابھی زیر بحث ہی تھا کہ بالی ووڈ سنگر سونو نگم کا وہ ٹوئیٹ بھی دوبارہ منظر عام پر آ گیا جس میں انہوں نے اذان کے خلاف لب کشائی کی تھی۔ سوشیل میڈیا کے صارفین نے اس ٹوئیٹ کو دوبارہ منظر عام پر لا کر لکھا کہ سونو نگم آج کل دبئی میں ہی قیام پذیر ہیں۔ سونو نگم پر خوف وہراس طاری ہونے کے لئے اتنا ہی کافی تھا۔ انہوں نے

نہ صرف اپنے ٹوئیٹر اکاؤنٹ کو بند کر دیا بلکہ ایک ویڈیو کے ذریعہ ماہ رمضان کی آمد پر مسلمانوں کو مبارکباد پیش کی۔

فرقہ پرست تارکین ہند نے جس طرح سوشیل میڈیا پر زہر اگلا اس سے کہیں زیادہ نفرت ہندوستان میں فرقہ پرستوں کی جانب سے پھیلائی جاتی ہے لیکن وہاں قانون نافذ کرنے والی ایجنسیوں کا اتنا بھی خوف نہیں کہ اس زہر افشانی پر کم از کم افسوس ہی کرلیں بلکہ ہندوستان میں تو ان فرقہ پرستوں کو حکومت کی سرپرستی اور پولیس کی پشت پناہی حاصل ہے۔

عرب ممالک میں نافذ اسلامی قوانین پر ہمیشہ اعتراض کرنے والوں کو اب سمجھ لینا چاہئے کہ ہندوستان کے بمقابل عرب ممالک میں قانون کا شکنجہ کتنا مضبوط ہے۔ سخت ترین مقامی قوانین کے خوف نے ہی فرقہ پرستوں کو سوشیل میڈیا سے اپنے اکاونٹ بند کرنے کے لئے مجبور کر دیا۔ اگر ان سنگھیوں کو اپنے خیالات کے درست ہونے کا ذرا سا بھی گمان ہوتا تو وہ اپنے اکاونٹس بند نہ کرتے اور قانون کا سامنا کرتے اور ان پر اعتراض کرنے والوں کا جواب دیتے لیکن یہ سب بھیگی بلی کی طرح ڈر کر منظر سے ہی غائب ہو چکے ہیں۔ خلیجی ممالک میں سوشیل میڈیا پر زہر اگلنے والے کئی افراد کو اپنی ملازمت سے ہاتھ دھونا پڑا جب کہ دیگر کئی قانون کے شکنجہ مین پھنس گئے ہیں۔

خلیجی ممالک میں پھیلی بے چینی کو دیکھتے ہوئے وزیر اعظم نریندر مودی نے اب جو پیغام ٹوئیٹر کے ذریعہ جاری کیا اگر یہی بیان اسی وقت جاری کیا جاتا جب تبلیغی جماعت کو کورونا وائرس کی وباء پھیلانے کا ذمہ دار قرار دیتے ہوئے مسلمانوں کے خلاف نفرت بھری مہم شروع کی گئی تھی تو اسی وقت نفرت کے اس زہر کو پھیلنے سے روکا جاسکتا تھا۔

کویت کے چند وکلاء نے اعلان کیا ہے کہ ہندوستان میں مسلمانوں پر کئے جارہے مظالم کے خلاف بین الاقوامی فورمس، اقوام متحدہ، انٹر نیشنل کورٹ آف جسٹس وغیرہ میں آواز بلند کریں گے ۔۵۷ اسلامی ممالک کے گروپ او آئی سی نے ایک بیان جاری کرتے ہوئے ہندوستان میں مسلمانوں کے تحفظ کو یقینی بنانے پر زور دیا۔ ٹوئیٹر پر چند عرب حضرات نے سنگھی ذہنیت کے ہندوستانیوں کو

خلیجی ممالک سے واپس لوٹانے کی مہم چلائی۔ کویتی ماہر قانون عبد الرحمن انصاری نے لکھا کہ کویت میں ۱۶۵۸ کورونا کے مریضوں مین ۹۲۴ ہندوستانی ہیں لیکن ان کے ساتھ کسی بھی قسم کا امتیاز نہیں برتا گیا، بلکہ وہ سبھی مریض بہترین اسپتالوں میں زیر علاج ہیں۔ کویت میں کورونا وائرس کے مریضوں میں ہندوستانیوں کی اکثریت کے باوجود بھی ہندوستان کو وہاں کورونا وائرس کو پھیلانے کا ذمہ دار نہیں مانتا۔ ایک اور ماہر قانون مجبل الشریکۃ نے ہندوستانی مسلمانوں پر مظالم کے خلاف بین الاقوامی سطح پر آواز اٹھانے کا اعلان کرتے ہوئے ہندوستان میں مسلمانوں پر مظالم کے ثبوت فراہم کرنے کی اپیل کی تو ان کے ٹوئٹر پر سینکڑوں ویڈیوز، فوٹوز، اخباری تراشے اور لنکس اپ لوڈ کی گئیں۔ انہوں نے ٹوئٹر کے ذریعہ ہندوستانی حکومت سے دریافت کیا کہ کیا ہندوستانی قیادت ملک میں مسلمانوں کے خلاف خانہ جنگی کا ارادہ رکھتی ہے۔ انہوں نے حکومت ہند کو انتباہ دیا کہ فرقہ پرست ہندوؤں کو حکومت کی تائید حاصل ہوتی رہی تو ہندوستان کا مستقبل خطرہ میں پڑ جائے گا۔ عرب خواتین کے خلاف تیجسوی سوریہ کے قابل اعتراض ٹوئٹ کے بارے میں وزیر اعظم کو راست ٹوئٹ کرتے ہوئے مجبل نے ان سے دریافت کیا کہ اس بیان کے بارے میں ان کا کیا موقف ہے۔ اگر اس طرح کے خیالات آج کل ہندوستان میں عام سمجھے جاتے ہیں تو پھر عالم اسلام کو اس سے واقف کرایا جائے۔ متحدہ عرب امارات کے بااثر تجارتی گھرانے کی خاتون اور شاہی خاندان کی بہو شہزادی ہند القاسمی بھی آج کل میڈیا کی توجہ کا مرکز بنی ہوئی ہیں۔ نفرت بھرے اور زہریلے ٹوئٹس کے جواب میں انہوں نے لکھا کہ اسلام اور مسلمانوں کے خلاف زہر اگلنے والوں کو متحدہ عرب امارات میں بخشا نہیں جائے گا۔ بعد ازاں ہندوستان کے مختلف چیانلس کو دیئے گئے انٹرویوز میں شہزادی ہند نے مہاتما گاندھی اور نیلسن منڈیلا کی تحریکات اور ہندوستان کی عظیم تہذیب و ثقافت کا حوالہ دیا۔ انہوں نے ہندوستان کو متحدہ عرب امارات کا بہترین دوست قرار دیتے ہوئے کہا کہ وہ کئی ہندوستانیوں سے واقف ہیں جو بہترین انسان ہین لیکن چند آر ایس ایس کے حواریوں نے سوشیل میڈیا پر ماحول کو مکدر کیا ہے۔ وزیر اعظم نریندر مودی کے پیام اور خلیجی ممالک کے ہندستانی سفارت

کاروں کے پیغامات کے بعد مرکزی وزیر مختار عباس نقوی سنگھیوں کی تائید میں اتر پڑے اور بیان دیا کہ ہندوستان مسلمانوں کے لئے جنت ہے۔ اس پر بھی متحدہ عرب امارات سے ہی جواب دیا گیا کہ اگر واقعی ہندوستان مسلمانوں کے لئے جنت بن جائے تو امارات کو بھی ہندوستانیوں کے لئے جنت بنادیا جائے گا۔ جس وقت مختار عباس نقوی نے یہ بیان دیا لگ بھگ اسی وقت ان ہی کی پارٹی کے اتر پردیش کے چیف منسٹر یوگی ادتیہ ناتھ نے تبلیغی جماعت سے وابستہ کورونا مریضوں کو جیل منتقل کرنے کی ہدایت جاری کرکے ہندوستان میں مسلمانوں کے لئے جہنم کی مثال پیش کردی۔ خلیجی ممالک میں سنگھ پریوار کے بھگت ایک عرصہ سے سرگرم ہیں اوراب خلیجی ممالک سے ہی آر ایس ایس پر پابندی لگانے کا مطالبہ کیا جارہا ہے لیکن وزیر اعظم نریندر مودی صرف زبانی جمع خرچ کے ذریعہ خلیجی ممالک میں بھڑکی اس آگ کو بجھانے کی کوشش کررہے ہیں۔ یہ تو بی جے پی کی روایت رہی ہے کہ کئی قائدین غلطیاں کرتے رہیں اور مودی جی انہیں کبھی بھی دل سے معاف نہ کرنے کی بات کرتے ہیں لیکن پھر ان ہی قائدین پر دل کھول کر مہربان ہو جاتے ہیں۔ اس مرتبہ مودی جی صرف بیان بازی پر اکتفانہ کریں بلکہ ٹھوس عملی اقدامات کریں۔ نفرت پھیلانے والوں کے خلاف سخت کارروائی کرنا وقت کی اہم ترین ضرورت ہے ورنہ بین الاقوامی سطح پر ہندوستان کو اس کی بھاری قیمت چکانی پڑ سکتی ہے۔

☆☆☆ شائع شدہ: روزنامہ اعتماد ۲۶/ اپریل ۲۰۲۰

کالم: ۱۷

ٹرمپ و مودی کا ہنی مون اور دہلی فسادات

جس طرح روم جل رہا تھا اور نیرو بانسری بجاتے ہوئے اس کی دھن میں کھویا ہوا تھا بالکل اسی طرح ایک جانب دہلی کا ایک حصہ جل رہا تھا تو دوسری جانب صرف ۲۰ کلو میٹر سے بھی کم فاصلہ پر عصر حاضر کے نیرو ہندوستانی وزیر اعظم نریندر مودی ملک کے قصر شاہی یعنی راشٹر اپتی بھون میں امریکی صدر ڈونالڈ ٹرمپ کے اعزاز میں ترتیب دیئے گئے پر تعیش عشائیہ کی میزبانی کرتے ہوئے شاہی لوازمات سے لطف اندوز ہو رہے تھے۔

مذکورہ بالا صورتحال کے مد نظر ذہن میں اچانک سپریم کورٹ کے جج کی جانب سے ظاہر کردہ ان خیالات کی یاد تازہ ہوگئی جس میں ملک کی عدالت عظمیٰ نے گجرات فسادات کے حوالے سے اس وقت کے چیف منسٹر نریندر مودی کے بارے میں یہ بات کہی تھی۔

دہلی میں پیش آئے واقعات سے بلاشبہ گجرات کے تباہ کن فسادات کی یاد اس لئے بھی تازہ ہوگئی کہ کئی ماہرین نے ان واقعات کو گجرات ماڈل کو دہرانے سے تعبیر کیا۔ تازہ ترین واقعات کو گجرات ماڈل سے تعبیر کیوں نہ کیا جائے۔ یہاں بھی سرکاری مشنری اور خاص کر پولیس کا رویہ بالکل اسی طرح رہا جو گجرات میں دیکھا گیا تھا۔

دہلی کے واقعات ایسے وقت پیش آئے جب دنیا کے طاقتور ترین ملک امریکہ کے صدر ڈونالڈ ٹرمپ پہلی مرتبہ ہندوستان کے دورہ پر تھے۔ حالانکہ قومی اور بین الاقوامی سطح پر پرنٹ اور الکٹرانک میڈیا نے ان واقعات کے خلاف بہت کچھ لکھا اور دکھایا لیکن ڈونالڈ ٹرمپ نے ان واقعات کو ہندوستان کا

اندرونی معاملہ قرار دیتے ہوئے اپنا پلڑا اجھاڑ لیا۔

امریکی حزب اختلاف ڈیموکریٹک پارٹی کے صدارتی امیدوار برنی سینڈرس نے دہلی کے واقعات پر ٹرمپ کے رد عمل کی مذمت کرتے ہوئے اسے انسانی حقوق کے معاملہ میں امریکی قیادت کی مکمل ناکامی قرار دیا۔

امریکہ میں ٹرمپ انتظامیہ کے تحت کام کرنے والے ادارہ US Commission on international Religious Freedom نے امریکی صدر کے دورہ ہند سے عین قبل ہندوستان میں آزادی مذہب کی صورتحال پر رپورٹ جاری کرتے ہوئے یہاں کی ابتر صورتحال اور مذہب کے نام پر مسلمانوں اور دیگر اقلیتوں کے خلاف کی گئی پر تشدد کارروائیوں اور حملوں پر تشویش کا اظہار کرتے ہوئے حکومت ہند کو مشورہ دیا تھا کہ اشتعال انگیز تقاریر کرنے والے سیاسی قائدین کے خلاف سخت کارروائی کو یقینی بنائیں اور ایسے قائدین کے خلاف کارروائی کے لئے پولیس کو مناسب اختیارات اور چھوٹ دی جائے۔

دہلی میں امریکی صدر ڈونالڈ ٹرمپ کی موجودگی میں بلکہ ان کی ناک کے نیچے جو واقعات پیش آئے اور ان میں پولیس کا جو رول رہا اسے دیکھتے ہوئے یہ بات واضح ہو جاتی ہے کہ مذکورہ بالا رپورٹ یا اس میں حکومت کو پیش کردہ تجاویز کی بی جے پی حکومت کو بالکل ہی پرواہ نہیں ہے۔ نئی دہلی میں پیش آئے واقعات کے بعد مذکورہ بالا امریکی ادارہ کے کمشنر انوریما بھارگو انے واقعات میں مسلمانوں کو نشانہ بنائے جانے پر کہا کہ یہ ممکنہ طور پر مسلمانوں کو ہندوستان میں حق رائے دہی سے محروم کرنے کی کوشش اور انسانی حقوق کے بین الاقوامی معیارات کی صریح خلاف ورزی ہے۔

اقوام متحدہ کے سکریٹری جنرل انٹونیو کویٹرس کی ترجمان نے روزانہ پریس بریفنگ میں سکریٹری جنرل کے اس موقف کا اعادہ کیا کہ ہندوستان میں پر امن احتجاج کی اجازت ہونی چاہئے اور پولیس کو تحمل سے کام لینا چاہئے۔ انہوں نے کہا کہ دہلی کے واقعات میں سکریٹری جنرل کو تشویش ہے اور اقوام متحدہ مسلسل نظر رکھے ہوئے ہے۔

اقوام متحدہ کے تحت کام کرنے والے حقوق انسانی کے ادارہ کی سربراہ ہیومن رائٹس کمشنر میشل بیچ لیٹ نے دہلی واقعات میں پولیس کی جانب سے کارروائی نہ کئے جانے پر شدید تشویش کا اظہار کیا۔ پر امن احتجاجیوں کے خلاف پولیس کی غیر ضروری کارروائی اور طاقت کے بیجا استعمال پر بھی تشویش کا اظہار کرتے ہوئے انہوں نے ہندوستان کے سیاسی قائدین سے اپیل کی کہ وہ مزید تشدد کے واقعات نہ ہونے دیں۔ آرگنائزیشن آف اسلامک کنٹریز(OIC) نے ہندوستان کے مسلمانوں کے خلاف تشدد، ان کی جائیدادوں کی تباہی اور مساجد پر حملوں کے واقعات کی پرزور مذمت کی اور حکومت ہند سے مطالبہ کیا کہ ان واقعات میں ملوث افراد کے خلاف سخت کارروائی کرتے ہوئے متاثرین تک انصاف رسانی کو یقینی بنایا جائے۔

جس طرح آنکھ بند کرکے دودھ پینے والی بلی یہ سمجھتی ہے کہ کسی نے اسے نہیں دیکھا بالکل اسی طرح ہمارے وزیراعظم نریندر مودی اور ان کی حکومت یہی سمجھ رہی ہے کہ ملک میں جو بھی کچھ ہو رہا ہے دنیا اس سے بے خبر ہے جب کہ حقیقت یہ ہے کہ دنیا بھر کے پرنٹ اور الکٹرانک میڈیا نے حکومت ہند کو تنقید کا نشانہ بنایا ہے۔ امریکی ٹیلی ویژن چینل MSNBC کے ایک پروگرام میں ڈونالڈ ٹرمپ کی جانب سے نریندر مودی کی تعریف کئے جانے پر اعتراض کرتے ہوئے ناظرین کو یاد دلایا گیا کہ یہ وہی نریندر مودی ہیں جن کے دور حکمرانی میں گجرات میں ۲۰۰۲ء میں مسلمانوں کے خلاف پیش آئے فرقہ وارانہ فسادات میں دو ہزار افراد ہلاک ہوئے تھے۔ اسی وجہ سے ان پر امریکہ کے سفر کرنے پر پابندی عائد کردی گئی تھی ۔ اسی پروگرام میں بتایا گیا کہ اسی نریندر مودی کی موجودہ حکومت نے ملک میں شہریت ترمیمی قانون جاری کیا ہے جس کے ذریعہ مسلمانوں کا گھیرا تنگ کئے جانے کی سازش واضح طور پر نظر آتی ہے۔ اتنا ہی نہیں بلکہ بین الاقوامی میڈیا نے ان واقعات سے قبل ہندوتوا نظریات کے حامی سیاسی قائدین کی اشتعال انگیز تقاریر کو ان واقعات کی اصل وجہ قرار دیا جب کہ کئی اخبارات نے دہلی ہائی کورٹ کے جج جسٹس ایس مرلی دھر کے اچانک تبادلہ اور نئی بنچ کی جانب سے پولیس کو اشتعال انگیز بیانات دینے والوں کے خلاف ایف آئی آر درج کرنے کے لئے

چار ہفتہ کی مہلت دیئے جانے پر سوال کھڑے کر دیئے۔

HBO چینل پر اپنے پروگرام کی میزبانی کرتے ہوئے ممتاز امریکی کامیڈین جان اولیور نے ہندوستان میں ڈونالڈ ٹرمپ اور نریندر مودی کے "ہنی مون" پر زبردست طنز کرتے ہوئے ٹرمپ کی جانب سے مودی کو "فخر ہندوستان" قرار دیئے جانے پر اور "پیار کی نشانی" تاج محل کے دورہ کے تناظر میں ہندوستانی وزیر اعظم نریندر مودی کو "نفرت کی نشانی" قرار دیا۔ ٹی وی پر اس پروگرام کی پیشکشی کے بعد بے شمار اخبارات نے اس تعلق سے رپورٹس بھی شائع کیں۔ نیویارک ٹائمس کی ایک رپورٹ میں برسر اقتدار بھارتیہ جنتا پارٹی کے لیڈر کپل مشرا کے اشتعال انگیز بیان کو دہلی کے پر تشدد واقعات کی اصل وجہ قرار دیا گیا۔ واشنگٹن پوسٹ کی ایک رپورٹ میں بتایا گیا کہ ساری دنیا ہندوستان میں ہو رہی "نفرت کی سیاست" کی گواہ بن گئی۔

گجرات فسادات کے ماڈل کو دہلی میں دہرائے جانے کے الزامات، دہلی واقعات سے قبل بی جے پی قائدین کے اشتعال انگیز بیانات، دہلی ہائی کورٹ کے جج کا اچانک تبادلہ، عدالت کی نئی بنچ کی جانب سے پولیس کو ایف آئی آر درج کرنے کے لئے چار ہفتوں کی مہلت کے پس منظر میں جو صورتحال ابھر کر آتی ہے اس کو دیکھتے ہوئے ہم بس اتنا کہیں گے

لگا کر آگ شہر کو یہ بادشاہ نے کہا
اٹھا ہے آج دل میں تماشے کا شوق بہت
جھکا کر سر سبھی شاہ پرست بول پڑے
حضور کا شوق سلامت رہے شہر اور بہت ہیں

☆☆☆ شائع شدہ: روزنامہ اعتماد یکم مارچ ۲۰۲۰

کالم: ۱۸

اب کورونا وائرس بھی مسلمان ہو گیا

چین سے شروع ہونے والے کورونا وائرس نے اٹلی، کوریا، ایران، امریکہ جیسے کئی ممالک کو اپنی لپیٹ میں لے کر ساری دنیا میں کہرام مچا دیا۔ اس دوران دنیا کے کئی ممالک میں مختلف مذہبی اجتماعات بھی منعقد ہوئے لیکن ہندوستان کی دارالحکومت دہلی کے نظام الدین علاقہ میں منعقدہ تبلیغی جماعت کے اجتماع میں کورونا وائرس کے متاثرین پائے جانے پر ہندوستانی میڈیا نے اس وباء کو مذہبی رنگ دیتے ہوئے اسے دہشت گردی سے تک منسوب کر دیا ہے۔

ایسا ہر گز نہیں ہے کہ دنیا بھر میں کورونا وائرس کی وباء پھیلنے کے بعد یہ پہلا مذہبی اجتماع رہا ہو۔

چین کے بعد ایران کورونا وائرس سے شدید متاثر ہوا الگ الگ مقامات سے جمع ہونے والے شیعہ زائرین کے ذریعہ یہ وائرس دنیا کے کئی ممالک تک پہنچ گیا۔

خلیجی ممالک میں ابتداء میں جو متاثرین دریافت ہوئے وہ ایران سے لوٹنے والے ہی تھے۔ سعودی عرب میں کرونا وائرس کے ابتدائی کیسس علاقہ قطیف میں پائے گئے جو کہ شیعہ آبادی کی اکثرت والا علاقہ ہے۔ اتنا ہی نہیں بلکہ بحرین نے تو ایران پر لاپرواہی کا الزام تک لگایا تھا کہ اگر وہاں ابتداء سے ہی احتیاطی تدابیر اختیار کی جاتیں تو دیگر ممالک میں کرونا وائرس کی وباء اتنی تیزی سے نہیں پھیلتی۔ اسی طرح چند گوشوں سے ایران پر تنقید کی گئی بین الاقوامی میڈیا اور عرب ممالک کے میڈیا نے موقع کی نزاکت اور سنجیدگی کو دیکھتے ہوئے اسے مذہبی یا سیاسی رنگ دینے کی بالکل کوشش نہیں کی۔

اس کے بر خلاف جب ہم ہندوستان کی میڈیا پر نظر ڈالتے ہیں تو غیر ذمہ داری کی تمام حدود کو پار کرنے والا رویہ نظر آتا ہے۔ بر سر اقتدار بھارتیہ جنتا پارٹی کے قائدین کے لئے تو یہ موقع ایک نعمت غیر مترقبہ ثابت ہوا، کیونکہ لاک ڈاؤن کے تناظر میں ملک کے طول و عرض میں مزدوروں کی بڑی تعداد شاہ راہوں پر نکل آئی اور مزدور طبقہ کو ایک وقت کی روٹی کے بھی لالے پڑ گئے۔ مرکزی حکومت کی جانب سے کسی بھی قسم کی منصوبہ بندی کے بغیر اچانک لاک ڈاؤن کے اعلان نے شہریوں کی زندگی کو اچانک منجمد کر دیا۔ اس لاک ڈاؤن کی بری ناکامی کا سامنا کرنے والی بر سر اقتدار جماعت بی جے پی کو اچانک ایک موضوع مل جاتا ہے جسے اس کے قائدین اپنی سیاسی روٹیاں سیکنے کے لئے بھرپور استعمال کرتے ہیں۔

دہلی کی بستی نظام الدین میں واقع تبلیغی جماعت کے مرکزی دفتر کے ذمہ داروں کی لاپرواہی سے کسی کو انکار نہیں ہو سکتا۔ اس کے لئے قانون کے مطابق کاروائی کی جاسکتی ہے لیکن پورے اجتماع کو فرقہ وارانہ رنگ دے کر بد دیانتی کی اعلی ترین مثال قائم کر دی گئی ہے۔ تبلیغی جماعت کے اجتماع اور ملک گیر لاک ڈاؤن کے دوران ہندوستان کے مختلف مقامات پر منعقدہ کئی مذہبی اور سیاسی اجتماعات کی تفصیلات سے تو قارئین واقف ہی ہیں۔ اس دوران حکومت کا تختہ الٹنے کے لئے ارکان اسمبلی کی خرید و فروخت کا بازار سر گرم رہا اور نئی حکومت کی حلف برداری کے لئے ''سماجی دوری'' کے اصول کی دھجیاں اڑا دی گئیں حتی کہ پارلیمنٹ کا اجلاس بھی اس دوران جاری رہا۔ لیکن ان تمام واقعات کو پوری طرح نظر انداز کرتے ہوئے صرف تبلیغی جماعت پر ملک میں کرونا وائرس پھیلانے کا الزام عائد کیا جا رہا ہے۔

مرکز تبلیغی جماعت کے منتظمین کی جانب سے کچھ کوتاہیاں ضرور ہوئی ہوں گی لیکن اس اجتماع میں شامل بیرونی مندوبین کے معاملہ میں مرکزی حکومت پر بھی انگلیاں اٹھائی جاسکتی ہیں۔ بیرونی ممالک کے مندوبین کسی پیراشوٹ کے ذریعہ راست تبلیغی جماعت کے مرکز پر نازل نہیں ہوئے تھے بلکہ وہ باضابطہ ہندوستان کا ویزہ حاصل کر کے ہوائی سفر کرتے ہوئے ایئر پورٹس کے ذریعہ

ہندوستان میں داخل ہوئے۔ اب سوال یہ پیدا ہوتا ہے کہ ایئرپورٹ امیگریشن حکام نے ان افراد کو کسی بھی جانچ کے بغیر ملک میں داخلہ کی اجازت کیسے دی جب کہ ہمارے وزیر اعظم نریندر مودی نے سارے ممالک کے اجلاس کو خطاب کرتے ہوئے کہا تھا کہ ہندوستان میں وسط جنوری سے ہی احتیاطی تدابیر اختیار کی جارہی ہیں تو پھر امیگریشن حکام کی لاپرواہی پر ابھی تک کسی نے بھی انگلی کیوں نہیں اٹھائی۔ بیرونی افراد کی آمد پر انٹلی جنس ادارے ان کی ہر حرکت پر نظر رکھتے ہیں تو پھر ان سے بھی بڑی چوک ہوگئی جو انہوں نے اس اجتماع پر کوئی توجہ نہیں دی۔

تبلیغی جماعت میں شریک ہو کر کروناوائرس کا شکار ہونے والے مریض در حقیقت سماج کے ہر طبقہ اور شعبہ کی ہمدردی کے مستحق ہیں کیونکہ انجانے میں وہ ایک خطرناک وباء کا شکار ہوگئے لیکن گودی میڈیا نے اس واقعہ کو فرقہ وارانہ رنگ دے کر ایسے پیش کیا جیسے یہ متاثرین جان بوجھ کر اپنے علاقوں میں کروناوائرس کی وباء پھیلانے کے لئے نکل پڑے ہوں۔ ہندوستان کی بد دیانت اور بیہودہ میڈیا نے "کورنا جہاد" جیسے الفاظ گڑھ لئے۔

مرکزی وزیر مختار عباس نقوی نے تبلیغی جماعت کی جانب سے "طالبانی جرم" انجام دینے کی بات کہہ کر اپنی تنگ ذہنی کا ثبوت پیش کیا ہے۔ ان کا یہ بیان اپنے سیاسی آقاؤں کو خوش کرنے کے علاوہ انہیں اور کوئی فائدہ نہیں پہنچا سکتا۔

جنوبی کوریا میں ۱۹/ جنوری اور ۱۸/ فروری کے درمیان کروناوائرس کے (۳۰) کیس درج کئے گئے لیکن ۱۸/ فروری کو (۳۱) واں کیس ایک خاتون میں پایا گیا۔

کوروناوائرس پائے جانے سے قبل مذکورہ خاتون نے شہر سیول اور ڈیگو کے مختلف مقامات کا دورہ کیا تھا جس میں بھیڑ بھاڑ والے کئی مراکز بھی شامل تھے۔

سڑک حادثہ کا شکار ہو کر یہ خاتون ہاسپٹل میں بھی رہیں اور دو مرتبہ چرچ میں منعقد ہونے والے دعائیہ اجتماع میں بھی شرکت کی، انہوں نے اپنے چند احباب کے ساتھ ایک ہوٹل میں لنچ بھی کیا۔ اس ایک خاتون نے کوروناوائرس کو کتنے افراد میں منتقل کیا اس بارے میں تو کوئی تفصیلات معلوم

نہیں ہو سکیں تاہم ایک ماہ کے عرصہ میں (۲۹) افراد میں اور پھر (۳۰) ویں مریضہ کے طور پر اس خاتون میں کرونا وائرس کے پائے جانے کے بعد صرف دس دن میں کرونا وائرس سے متاثرین کی تعداد (۲۳۰۰) تک پہنچ گئی۔ یہ خاتون ایک ایسے عیسائی طبقہ سے تعلق رکھتی ہیں جو نہایت ہی دقیانوسی نظریات کا حامل مانا جاتا ہے۔ شین چیان بی چرچ آف جیزس " Shincheonji Church of Jesus) کے ماننے والوں کو ان کے چرچ میں منعقد ہونے والے تمام اجتماعات میں شرکت کرنا لازمی ہوتا ہے اور بیماری کی صورت میں بھی اسے کوئی استثنیٰ نہیں ہے۔ چرچ میں چہرہ ڈھانکنا یا ماسک لگانا اس لئے ممنوع ہے کہ چرچ میں ایسا کرنا خدا کی توہین مانی جاتی ہے۔ اس چرچ کی ایک شاخ چین کے شہر ووہانگ میں بھی واقع ہے۔ جنوبی کوریا کے حکام کو اس بات کا شبہ ہے کہ ووہان کا کوروناوائرس شائد اسی چرچ کے ذریعہ اس بلک میں داخل ہوا ہوگا۔

متذکرہ بالا مریضہ نمبر (۳۱) کو Super Spreader قرار دیا گیا کیونکہ انہوں نے کئی افراد کو کرونا وائرس سے متاثر کیا۔ شین چیان جی چرچ آف جیزس کے حکام کے خلاف تحقیقات جاری ہیں۔

بیرونی یا بین الاقوامی میڈیا نے ان واقعات کے بعد کسی مذہب، طبقہ یا فرقہ کو نشانہ نہیں بنایا لیکن ہندوستانی میڈیا خاص طور پر گودی میڈیا کے نام سے مشہور ٹی وی چیانلس نے تبلیغی جماعت کے مرکز کو نشانہ بنانے مذہبی منافرت کا ایسا کھیل شروع کردیا کہ صحافتی اقدار کی دھجیاں اڑادی گئیں۔ میڈیا کے زہریلے پروپیگنڈہ کا نتیجہ یہ نکلا کہ جن مریضوں کو ہمدردی کی نگاہ سے دیکھنا چاہئے ان کو ہی مجرم سمجھا جارہا ہے۔ میڈیا نے اس پروپیگنڈہ سے حکومت کی ناکامیوں کی زبردست پردہ پوشی کردی۔ کئی ریاستوں کی شاہراہوں پر پیدل اپنے گاؤں کی طرف رواں دواں لاکھوں مزدوروں کی حالت زار پر اب کسی چیانل پر کوئی خبر پیش نہیں کی جاتی اور نہ ہی پرائم ٹائم میں اس موضوع پر کوئی مباحث ہوتی ہیں۔ دلال میڈیا نے اپنے سیاسی آقاؤں کی ناکامیوں کی پردہ پوشی کی تو دوسری جانب کروناوائرس جیسے سنگین موضوع میں ہندو مسلم مسئلہ پیدا کرکے اپنے آقاؤں کو سیاسی روٹیاں سینکنے کا موقع بھی فراہم کردیا، لاک ڈاؤن کے زیر اثر ہندوستان کو درپیش سنگین انسانی بحران کو میڈیا نے

فی الوقت بر فد ان کی نذر کر دیا ہے اور وہ کورونا وائرس کو اسلام سے جوڑنے میں مصروف ہے۔ وقت کی اہم ترین ضرورت یہ ہے کہ اس میڈیا کے خلاف سخت کاروائی کرتے ہوئے بھڑکاؤ چیانلس کے خلاف ایف آئی آر درج کی جائے تاکہ انجانے میں کورونا وائرس کا شکار ہونے والے معصوم مریضوں کے خلاف۔

☆☆☆ شائع شدہ: روزنامہ اعتماد ۵/اپریل ۲۰۲۰

کالم: ۱۹

ہاوڈی مودی - الٹی ہو گئیں سب تدبیریں

ہندوستانی وزیر اعظم نریندر مودی نے ہیوسٹن امریکہ میں ہندوستانی کمیونٹی کے پروگرام ہاوڈی مودی میں امریکی صدر ڈونالڈ ٹرمپ سے اپنی گہری دوستی کا مظاہرہ کر کے دنیا کو جو پیغام دینے اور اپنا دبدبہ بنانے کی کوشش کی وہ چند ہی گھنٹوں بعد تاش کے پتوں کی طرح ڈھیر ہو کر رہ گیا۔

مذکورہ پروگرام میں نریندر مودی اور ڈونالڈ ٹرمپ کی تقاریر کے بعد ہندوستان کے میڈیا نے ایسی خبریں پیش کیں جیسے ہندوستانی وزیر اعظم نے دنیا کا سب سے بڑا قلع فتح کر لیا ہو۔ دونوں قائدین نے ایک دوسرے کی جم کر تعریف کی، مودی نے ایسا تاثر دینے کی کوشش کی کہ دنیا کا طاقتور ترین شخص ان کا یار ہے۔

نریندر مودی نے ہاوڈی مودی پروگرام میں موجود لگ بھگ ۵۹ ہزار ہندوستانی نژاد امریکیوں کے درمیان ٹرمپ کی تائید اور "اگلی بار ٹرمپ سرکار" کا نعرہ بلند کر کے اس اجلاس کو ٹرمپ کی انتخابی ریالی میں تبدیل کر دیا، اس کے بدلے میں ٹرمپ نے مودی کو "فادر آف انڈیا" کے لقب سے نوازا۔ اس پر دونوں قائدین کو تنقید کا نشانہ بنایا جا رہا ہے۔ مودی نے ٹرمپ کی انتخابی مہم چلا کر ہندوستان کی خارجہ پالیسی کی دھجیاں اڑا دیں تو وہیں ٹرمپ نے مودی کو فادر آف اندیا کہہ کر بابائے قوم مہاتما گاندھی کی بے عزتی کی۔ اس بیان پر صدر مجلس بیرسٹر اسدالدین اویسی نے ٹرمپ کو جاہل انسان قرار دیا۔

نریندر مودی نے عالمی دہشت گردی کے بارے میں بالواسطہ طور پر پاکستان کو نشانہ بناتے ہوئے کہا

کہ سب جانتے ہیں کہ امریکہ کے ۹/۱۱ اور ممبئی میں ۲۶/۱۱ کے حملوں میں ملوث دہشت گرد کہاں سے آئے تھے۔ دہشت گردی کو بڑھاوا دینے کے خلاف فیصلہ کن لڑائی کی ضرورت ہے۔ پاکستان کا نام لئے بغیر مودی نے کہا کہ جموں کشمیر میں حکومت کے اقدامات پر انھیں بہت تکلیف ہو رہی ہے جن سے خود اپنا ملک نہیں سنبھل رہا ہے۔ یہ لوگ نفرت پر مبنی سیاست کرتے ہوئے بدامنی اور دہشت گردی پھیلاتے ہیں۔ اس پر ٹرمپ نے اسلامی دہشت گردی کے خلاف متحدہ طور پر لڑنے کی بات کی۔

اس موقع پر وزیر اعظم نریندر مودی اور گودی میڈیا کو یوں لگا جیسے دہشت گردی کے خلاف لڑائی میں ٹرمپ مودی کے ساتھ کھڑے ہیں اور پاکستان کے خلاف ہندوستان کو بہت بڑی کامیابی مل گئی ہو، لیکن چند گھنٹوں بعد ہی ٹرمپ نے مودی کی خوش فہمی پر پانی پھیر دیا۔

ٹرمپ نے جب پاکستانی وزیر اعظم عمران خان سے ملاقات کی تو انہوں اتنی ہی گرمجوشی کا مظاہرہ کیا جتنی گرمجوشی سے وہ مودی سے ملے تھے۔ اس موقع پر دہشت گردی کے بارے میں ٹرمپ نے ایسا یوٹرن کیا کہ مودی نے پاکستان کو دنیا کے سامنے گھیرنے کی جو کوشش ہیوسٹن میں کی تھی وہ پوری طرح لاحاصل ہو کر رہ گئی۔ مودی نے پاکستان کو دہشت گردی کا اہم مرکز بتایا تھا۔ عمران خان کے ساتھ پریس کانفرنس کے دوران جب ٹرمپ سے اس بارے میں دریافت کیا گیا تو انہوں نے پاکستان کو نہیں بلکہ ایران کو دہشت گردی کا سب سے بڑا مرکز قرار دیا۔ اس طرح دہشت گردی کے معاملہ میں ہندوستان کے موقف کو امریکی صدر کی مکمل تائید کا جو بھرم تھا وہ چور چور ہو گیا۔ اس کے علاوہ چند گھنٹے قبل ہی مودی کی تعریف کے پل باندھنے والے ٹرمپ نے مودی کے بیان کو جارحانہ قرار دے کر سب کو حیرت میں ڈال دیا۔

ٹرمپ نے مودی سے ملاقات کے وقت جتنی گرمجوشی کا مظاہرہ کیا اور ان کی جتنی تعریف کی، عمران خان سے مل کر بھی بالکل ویسا ہی مظاہرہ کیا۔

ہندوستان اور پاکستان میں سوشیل میڈیا پر بحثیں ہونے لگیں کہ آخر ٹرمپ مودی کے دوست ہیں یا

عمران کے۔ لیکن ڈونالڈ ٹرمپ کے بارے میں یہ بات واضح ہوگئی کہ وہ مستقل مزاج نہیں ہیں۔ ۷۰ لاکھ کشمیری عوام کو ۶ ہفتوں سے گھروں میں محروس رکھ کر ہاوڈی مودی پروگرام کے ذریعہ نریندر مودی نے دنیا کو یہ پیغام دینے کی کوشش کی کہ وہاں ان کی حکومت نے جو بھی اقدامات کئے ہیں اس کے لئے انھیں ملک کی ۱۳۰ کروڑ آبادی کی تائید وحمایت حاصل ہے۔ عالمی میڈیا کی رپورٹس اور مختلف ممالک کی جانب سے حکومت ہند پر کی جارہی تنقیدوں کے جواب میں انہوں نے یہ پیغام دیا۔

ہیوسٹن کے این آر جی اسٹیڈیم میں ہندوستانی نژاد امریکی شہری نعروں اور تالیوں سے ان کی واہ واہ کر رہے تھے وہیں اسٹیڈیم کے باہر مودی سرکار کی پالیسیوں کے خلاف زبردست احتجاجی مظاہرہ کیا گیا۔ الائنس فار جسٹس اینڈ اکاونٹیبلٹی میں شامل تنظیم ہندوس فار ہیومن رائٹس نے اسٹیڈیم کے باہر نریندر مودی کے خلاف احتجاج کیا اور ایک بیان جاری کرکے دنیا کی توجہ ہندوستانی مسائل کی جانب منبدول کروائی۔ اس بیان میں تین اہم مسائل کو اجاگر کیا گیا جن میں این آر سی کے تحت ۱۹ لاکھ افراد کی شہریت چھن جانے کا خطرہ، کشمیر میں انسانی حقوق کی پامالی اور مذہب کے نام پر ماب لنچبگ کے واقعات میں اضافہ شامل ہیں۔

ہندوستان کو مسلسل کمزور ہورہی معیشت، کئی کارخانوں کے بند ہوجانے، بیروزگاری میں اضافہ، مہنگائی، کسانوں کی خودکشی جیسے کئی مسائل کا سامنا ہے لیکن مودی نے ایسا تاثر دیا کہ یہاں سب کچھ ٹھیک ٹھاک ہے۔ اس سے ظاہر ہوتا ہے کہ وزیر اعظم مودی کو اپنی عوام کے حقیقی مسائل میں کوئی دلچسپی نہیں ہے۔ ایسے وقت جبکہ ملک بدترین معاشی دور سے گزر رہا ہے مودی جی کو صرف جملے بازی اور اپنی امیج کی فکر لگی ہوئی ہے۔

ہاوڈی مودی پروگرام کے بارے میں مبصرین کے بہت ہی دلچسپ بیانات آرہے ہیں۔ کسی نے اس پروگرام کو تماشہ بازی قرار دیا تو کسی نے مودی کو سپنوں کا سوداگر کہا۔ مودی اور عمران خان کے ساتھ ٹرمپ کے رویہ پر ونود دوا کو بچپن میں سنی وہ کہانی یاد آگئی جس میں ایک روٹی کے لئے لڑنے

والی بلیوں کے بیچ مصالحت کے نام پر بندر نے باری باری سے روٹی کے چھوٹے چھوٹے ٹکڑے کھا کر ساری روٹی ہی ہڑپ لی۔

ہاوڈی مودی پروگرام کے ذریعہ مودی نے کیا کھویا اور کیا پایا اس پر طویل بحث کی جاسکتی ہے اور جہاں تک ٹرمپ کا تعلق ہے، ایسا تاثر دیا جارہا ہے کہ اگلے صدارتی انتخابات میں ٹرمپ کو اس کا زبردست فائدہ ہوگا کیونکہ مودی نے ان کی تائید و حمایت کی ہے۔ اب سوال یہ پیدا ہوتا ہے کہ مودی کے نام پر اکٹھا ہوئے سارے ہندوستانی نژاد امریکی کیا ٹرمپ کو ہی ووٹ دیں گے۔ اس بات کے بہت کم امکانات نظر آتے ہیں کیونکہ صدارتی انتخابات میں ٹرمپ کے خلاف لڑ رہی تلسی گبارڈ بھی ہندوتوا نظریات کی حامی ہیں۔ نہ صرف یہ بلکہ انھیں امریکہ میں موجود مختلف ہندو تنظیموں کی تائید بھی حاصل ہے۔ ایسے میں ہندو ووٹوں کی تقسیم یقینی ہے۔ لیکن اہم ترین بات یہ ہیکہ اگلے سال منعقد شدنی صدارتی انتخابات میں ہندوستانی نژاد امریکی رائے دہندوں کو کبھی بھی فیصلہ کن موقف حاصل نہیں ہوگا۔ لہذا ہاوڈی مودی پروگرام میں ٹرمپ کی تائید میں کی گئی مہم سے ٹرمپ کو کوئی خاص فائدہ نہیں ہوگا۔

نریندر مودی کے بارے میں اب یہ کہا جاسکتا ہے کہ ایسا ظاہر کرتے ہوئے کہ ہندوستان میں سب کچھ ٹھیک ٹھاک ہے وہ نہ صرف دنیا کو بلکہ خود اپنے آپ کو دھوکہ دے رہے ہیں اسی لئے ان کے بارے میں کہا جاسکتا ہے کہ وہ خود فریبی کا شکار ہو چکے ہیں۔

☆☆☆ شائع شدہ: روزنامہ اعتماد ۲۹/ ستمبر ۲۰۱۹

کالم: ۲۰

حوثی باغیوں کے مظالم کے پانچ سال، یمن کی صورتحال ابتر

سعودی ارامکو پر حملوں کے بعد اتحادی افواج نے یمن میں ایران نواز حوثی ملیشیا کے خلاف کارروائیوں میں تیزی پیدا کر دی ہے جبکہ دوسری جانب ان حملوں سے متاثرہ سعودی ارامکو کی تیل تنصیبات کی مرمت کا کام مکمل ہو چکا ہے اور سعودی عرب میں تیل کی پیداوار بحال کر دی گئی ہے۔

ارامکو کی تیل تنصیبات پر حوتیوں کے حملوں کے بعد عرب اتحاد نے شمالی یمن کے ساحلی علاقے الحدیدہ میں نیا آپریشن شروع کرتے ہوئے حوثی ملیشیا کے چار ٹھکانوں کو تباہ کر دیا ہے۔ ان مراکز کو ریموٹ کنٹرول کشتیوں اور بحری بارودی سرنگوں کی تیاری کے لیے استعمال کیا جا رہا تھا۔ اتحادی افواج کے ترجمان ترکی المالکی نے ان ٹھکانوں کو جائز فوجی اہداف اور حملوں کو بین الاقوامی قوانین کے مطابق کی گئی کارروائی قرار دیا۔

الحدیدہ میں تباہ کیے گئے حوثیوں کے ٹھکانے باب المندب اور بحیرۂ احمر میں سمندری ٹریفک اور میری ٹائم سیکیورٹی کے لیے خطرہ بنے ہوئے تھے۔ اس کارروائی سے بحیرۂ احمر میں جہازوں اور عالمی تجارتی قافلوں کی آمد ورفت میں مزید آسانی ہوگی اور انہیں لاحق خطرات کا سد باب کیا جا سکے گا۔

عرب اتحاد کے ترجمان کرنل المالکی کے مطابق عرب اتحاد کی مشترکہ فورس دہشت گرد حوثیوں کو سبق سکھانے، ان کی طاقت کو غیر موثر بنانے اور علاقائی و بین الاقوامی امن کو خطرات پیدا کرنے

والے وسائل تباہ کرنے کا عزم کیے ہوئے ہے۔اس سے اندازہ لگایا جاسکتا ہے کہ حوثی ملیشیا کے خلاف مزید کاروائیاں کی جائیں گی۔

۱۶ سے ۳۰ ستمبر تک یعنی صرف دو ہفتوں کے دوران اتحادی افواج کی کارروائیوں میں حوثی ملیشیا کو بھاری نقصان اٹھانا پڑا، مختلف نوعیت کے ۱۴۲۱ اسلحہ تباہ کر دیئے گئے جبکہ ۸۸۱ حوثی باغی مارے گئے۔

ترکی المالکی نے مزید بتایا کہ حوثی ملیشیا نے الحدیدہ میں بیلسٹک میزائل اور ڈرون کا ٹھکانہ بنایا ہوا ہے جو خطے میں عالمی سمندری تجارت کے لیے شدید خطرہ ہے۔ انہوں نے الزام عائد کیا کہ حوثی ملیشیا نے اقوام متحدہ کی ثالثی میں اسٹاک ہوم معاہدے پر عمل نہیں کیا اور مسلسل عالمی امن کے لیے خطرہ بنا ہوا ہے۔

ترجمان کے مطابق حوثی ملیشیا جنوبی یمن کے علاقوں عمران، صنعا اور صعدہ سے بیلسٹک میزائل حملے کر رہی ہے۔ اس کے باجود اتحادی ممالک یمنی باشندوں کے لیے انسانی امداد کی فراہمی جاری رکھے ہوئے ہیں۔

اب سے پانچ سال قبل ۲۰۱۴ میں حوثی باغیوں نے بغاوت کر کے حکومت وقت کا تختہ الٹ دیا تھا۔اس وقت سے یمن تباہ کن خانہ جنگی کا شکار ہو گیا۔ اس دوران یمن میں غذائی اجناس کی شدید قلت' قحط اور وبائی امراض کا شکار کئی افراد زندگی اور موت کی کشمکش میں جی رہے ہیں۔

کمسن بچوں کو مدارس میں تعلیمی سہولیات فراہم کرنے کی بجائے ان معصوموں کو جنگ کا ایندھن بنادیا جاتا ہے۔ والدین کو ڈرادھمکا کر بچوں کو زبردستی حوثیوں کی فوج میں شامل کیا جارہا ہے۔

اقوام متحدہ کی ایک رپورٹ کے مطابق جنگ کی وجہ سے پچاس لاکھ افراد بے گھر ہو گئے اور اب وہ پناہ گزین کیمپوں میں زندگی گزارنے پر مجبور ہیں۔

۲۰۱۸ کی ہیومن رائٹس واچ کی رپورٹ کے مطابق ہیضہ اور دیگر مہلک بیماریوں کی وجہ سے ۱۴ ملین افراد پر موت کے خطرات منڈلا رہے ہیں۔

بچوں کے حقوق کے لئے کام کرنے والی تنظیم save the children کی جانب سے نومبر ۲۰۱۸

میں جاری کردہ رپورٹ کے مطابق ۸۵ ہزار بچے قحط سالی کی وجہ سے فوت ہو گئے۔ امریکہ اور اسرائیل کے خلاف زور و شور سے نعرے لگانے والے حوثی ملیشیا کے کارندے یمن کی عوام اور معصوم بچوں پر ظلم و زیادتی کی نئی داستان رقم کر رہے ہیں۔

حوثی ملیشیا نے اب تک ۱۴ ہزار سے زیارہ عام یمنی شہریوں کو موت کے گھاٹ اتار دیا۔ ان میں خواتین، بچے اور ضعیف افراد بھی شامل ہیں۔

ساڑھے تین ہزار افراد حوثیوں کی جیلوں میں قید ہیں جہاں انہیں مختلف قسم کی ازیتیں دی جاتی ہیں۔ حوثیوں نے یمن میں عام شہریوں کو جرائم، کرپشن، بھوک و افلاس اور خون خرابہ کے سوا کچھ نہیں دیا۔ مقامی افراد کو نشانہ بنا کر کئی بستیوں کو تباہ کر دیا گیا۔

لاکھوں کی تعداد میں مسلمانوں کی جانیں تلف ہو رہی ہیں لیکن حوثی ملیشیا کے باغیوں کو کسی قسم کا رحم نہیں آتا۔

حدیبیہ یمن کا بندر گاہی شہر ہے اور بیرونی ممالک کی امداد پہنچانے والے جہاز اسی بندر گاہ پر لنگر انداز ہوتے ہیں۔ کیونکہ یہی شہر اب جنگ کی زد میں آچکا ہے تو ایسے میں یمن میں جنگ کے متاثرین تک امداد پہنچانا امدادی اداروں کے لئے بہت بڑا چیالنج ثابت ہو رہا ہے۔ جبکہ ایک رپورٹ کے مطابق یمن کی ۸۰ فیصد آبادی کو امداد اور حفاظت کی ضرورت ہے۔

جنگ کے باعث یمنی ریال کی قدر میں مسلسل گراوٹ، اشیائے خورد و نوش کی قیمتوں میں بے تحاشہ اضافہ اور قلت نے عوام کی کمر توڑ کر رکھ دی۔

پانچ سال قبل حوثی ملیشیا نے یمنی صدر ہادی منصور عبد و ربو کی حکومت کے خلاف بغاوت کر کے یمن کی مختلف علاقوں پر قبضہ کر لیا تھا۔ معزول حکومت کو امریکہ، برطانیہ، سعودی عرب اور دیگر ممالک کی تائید و حمایت حاصل تھی لہذا سعودی عرب نے ۴۱ اسلامی مملک پر مشتمل فوجی اتحاد قائم کیا اور متحدہ عرب امارات کے ساتھ مل کر حوثیوں کے زیر کنٹرول یمنی علاقوں پر حملے شروع کئے۔ بعد ازاں حوثی باغیوں نے سعودی عرب کے ہوائی اڈوں اور تیل کی تنصیبات کو حملوں کا نشانہ بنایا۔ بعد

ازاں یہ لڑائی دونوں ممالک کی سرحدوں سے نکل کر بحیرہ احمر، آبنائے حرمز کے سمندر تک پہنچ گئی جہاں ایران نواز حوثی باغیوں نے اتحادی ممالک کے تیل بردار جہازوں پر حملے کئے۔

حوثیوں کو ایران کی سرپرستی حاصل ہونے کا الزام لگایا جاتا ہے جبکہ امریکہ، برطانیہ، کئی یوروپی اور اسلامی ممالک سعودی عرب کے ساتھ کھڑے ہیں۔ حوثیوں کی جانب سے بغاوت کے پانچ سال مکمل ہو چکے ہیں۔ اس دوران پہلے سے ہی غریب ملک یمن انسانی بحران کے دلدل میں بری طرح پھنس چکا ہے۔ پانچ سال کا طویل عرصہ گزرنے کے بعد ابھی تک کسی بھی فریق کو کوئی بڑی کامیابی حاصل نہیں ہوئی بلکہ عام شہریوں کو ہی اس کا خمیازہ بھگتنا پڑ رہا ہے۔

وقت کی اہم ترین ضرورت یہ کہ امریکہ اور دیگر طاقتور ممالک مداخلت کرتے ہوئے یمن کو مزید تباہی سے بچائیں۔ بری طرح تباہی و بربادی کا شکار اور شدید انسانی بحران سے دوچار یمن مزید تباہی کا متحمل نہیں ہو سکتا اور اگر جنگ جاری رہی اور خانہ جنگی کا سلسلہ یوں ہی چلتا رہا تو پھر یمن کی صورتحال بد سے بدترین ہوتی جائے گی۔

☆☆☆

شائع شدہ: روزنامہ اعتماد ۶/ اکتوبر ۲۰۱۹

کالم: ۲۱

ہند سعودی مستحکم تعلقات سے پاکستان مایوس

عرب ممالک کے ساتھ ہندوستان کے مضبوط تعلقات اور ان میں دن بہ دن بڑھتے استحکام سے پڑوسی ملک پاکستان کو سفارتی سطح پر بڑی ناکامیوں کا سامنا کرنا پڑرہا ہے تاہم پاکستان کو یہ بالکل ہی برداشت نہیں ہورہا ہے۔

پچھلے دنوں ہندوستانی وزیراعظم نریندر مودی کے دورہ متحدہ عرب امارات و بحرین اور انہیں وہاں اعلیٰ ترین سیول اعزازات کی پیشکشی کے بعد پاکستان نے ہندوستان کے خلاف خوب پروپگنڈہ کیا جس میں اسے ناکامی کے سوا کچھ بھی حاصل نہ ہوا۔ اب جبکہ ہندوستان اور سعودی عرب کے درمیان تعلقات نئی بلندیوں کو چھورہے ہیں تو پاکستانی قیادت کو دانت میں انگلی دبانے کے سوا کوئی چارہ نہیں رہ جائے گا۔

جاریہ ماہ کے پہلے ہفتہ میں ہندوستان کے قومی سلامتی مشیر اجیت ڈوول نے سعودی عرب کا دورہ کیا۔ اس موقع پر انہوں نے سعودی ولیعہد شہزادہ محمد بن سلمان سے تفصیلی بات چیت کی۔ دو گھنٹے طویل اس ملاقات میں دونوں ممالک کے درمیان اہم ترین امور پر تبادلۂ خیال کیا گیا۔ بعد ازاں ڈوول نے اپنے سعودی ہم منصب مساعد العیبان سے بھی ملاقات کی اور سیکیوریٹی امور پر بات چیت کی۔ اس کے بعد انہوں نے متحدہ عرب امارات کا دورہ کیا اور وہاں اہم قائدین سے ملاقات کی۔

پاکستان، کشمیر کے مسئلہ پر اسلامی ممالک کو اپنا ہمنوا بنانے کے لئے ایڑی چوٹی کا زور لگاتا رہا ہے۔ اجیت ڈوول کے متذکرہ بالا دورہ سے چند روز قبل ہی پاکستانی وزیراعظم عمران خان نے بھی سعودی

عرب کا دورہ کیا تھا اور ولیعہد شہزادہ محمد بن سلمان سے ملاقات کی تھی۔ عمران خان کے دورہ کے بعد ہندوستانی قومی سلامتی مشیر کے وددہ ریاض کو انتہائی اہمیت کا حامل سمجھا جارہا ہے۔

سعودی ولیعہد کے ساتھ ڈوول کی ملاقات دو گھنٹے طویل رہی اور اس دوران کئی اہم ترین موضوعات زیر گفتگو رہے۔ کشمیر کی تازہ صورتحال اور آرٹیکل ۳۷۰ کی برخاستگی سے متعلق حکومت ہند کے اقدامات سے سعودی قیادت کو واقف کروایا گیا۔ اس ملاقات کے دوران شہزادہ محمد بن سلمان نے کہا کہ وہ کشمیر میں ہندوستان کی جانب سے کئے گئے اقدامات کو سمجھ سکتے ہیں۔ اس امر کو ہندوستان کی بڑی سفارتی کامیابی سمجھا جارہا ہے۔ پاکستان اس بات کو ماننے کے لئے تیار ہی نہیں ہے بلکہ پاکستانی میڈیا نے اسے ہندوستانی میڈیا کا پروپگنڈہ قرار دیا ہے۔

مسئلہ کشمیر پر سعودی عرب کے موقف سے پاکستان جتنا چاہے انکار کرلے لیکن سعودی عرب کی جانب سے ہندوستان میں بڑے پیمانے پر سرمایہ کاری اور دونوں ممالک کے درمیان مستحکم تعلقات سے کبھی انکار نہیں کرسکتا۔

سعودی عرب نے ہندوستان میں ۱۰۰ ملین امریکی ڈالر کی سرمایہ کاری کا اعلان کیا ہے۔ سعودی آرامکو کی جانب سے ریلائنس پیٹروکیمیکلس میں ۲۰ فیصد کی حصہ داری اور مہاراشٹر کے شہر رتنا گری میں ہندوستان کی بڑی تیل کمپنیوں کے ساتھ مل کر بڑی تیل ریفائنری قائم کرنے کے اعلان کے بعد دونوں ممالک کے درمیان معاشی تعلقات نئی بلندیوں پر پر پہنچ گئے ہیں۔

سعودی ولیعہد شہزادہ محمد بن سلمان نے ہندوستان کے ساتھ نہ صرف تجارتی بلکہ سکیورٹی، سٹریٹجک امور اور دہشت گردی کے خلاف لڑائی میں ہندوستان کے ساتھ تعاون کرنے میں میں دلچسپی دکھائی ہے۔ہندوستان کے قومی سلامتی مشیر کے ساتھ شہزادہ محمد بن سلمان نے دو گھنٹے طویل مشاورت کی تو بلاشبہ متذکرہ بالا موضوعات بھی زیر بحث رہے ہوں گے۔

ہندوستانی وزیر اعظم نریندر مودی جاریہ ماہ کے آخر میں سعودی عرب کا دورہ کریں گے۔ حالانکہ ابھی تک اس دورہ کا سرکاری طور پر کوئی اعلان نہیں کیا گیا لیکن ریاض میں منعقد شدنی انویسٹمنٹ

سمٹ میں شرکت کے لئے انہیں مدعو کیا گیا ہے۔ توقع ہے کہ نریندر مودی اس دو روزہ سمٹ میں شرکت کے لیے ریاض آئیں گے اور اس موقع پر سعودی عرب کی قیادت کے ساتھ اعلی سطحی ملاقات کریں گے۔

اس موقع پر سعودی عرب کی جانب سے ہندوستان میں سرمایہ کاری کے حالیہ اعلان سے متعلق اہم معاہدوں پر دستخط کئے جانے کی بھی امید ہے۔

ہندوستانی وزیر اعظم نریندر مودی کے دورہ ریاض سے قبل ہندوستان کے قومی سلامتی مشیر کے دورہ کو اسی تناظر میں انتہائی اہمیت کا حامل قرار دیا جا رہا ہے۔ مبصرین اور تجزیہ نگاروں کے مطابق اجیت دوول کا حالیہ دورہ ریاض دراصل وزیر اعظم ہند کے دورہ ریاض کی تیاریوں کا حصہ تھا۔ یہ بھی سمجھا جا رہا ہے کہ انہوں نے سعودی عرب کے ساتھ ہونے والے ان معاہدات پر بھی تبادلہ خیال کیا جس پر وزیر اعظم ہند کے دورہ ریاض کے موقع پر دستخط کیے جائیں گے۔

ہندوستان کے قومی سلامتی مشیر کی اپنے سعودی ہم منصب سے ملاقات سے اس بات کا بخوبی اندازہ تازہ لگایا جا سکتا ہے کہ سکیورٹی اور دہشت گردی کے معاملے میں دونوں ممالک ایک دوسرے کے ساتھ تعاون کرنے میں کس قدر دلچسپی رکھتے ہیں۔

عرب ممالک کے ساتھ ہندوستان کے بہترین تعلقات کے پس منظر میں پاکستان کو اس کے پڑوسی ملک چین میں امید کی کرن نظر آ رہی ہے۔ چین نے اقوام متحدہ میں مسئلہ کشمیر پر بیان دے کر وہاں کے حالات کو بہتر بنانے کی اپیل کی تھی۔ اس ہفتے وزیر اعظم پاکستان عمران خان نے چین کا دورہ کیا اور چینی صدر ژی جن پنگ سے ملاقات کی۔ عمران خان سے ملاقات کے دوران چینی صدر نے امید ظاہر کی کہ متعلقہ فریقین بات چیت کے ذریعے مسئلہ کشمیر کو حل کر لیں گے۔ انہوں نے پاکستانی وزیر اعظم کو اس بات کا بھی تیقن دیا کہ عالمی اور علاقائی صورتحال میں تبدیلیوں کے باوجود چین اور پاکستان کی دوستی چٹان کی طرح مضبوط اور ناقابل تسخیر رہے گی۔

بیجنگ میں میں پاک چین سرمایہ کاری کانفرنس میں شرکت کے لیے پہنچے وزیر اعظم پاکستان عمران

خان نے چہارشنبہ کو چینی صدر سے ملاقات کی۔ چین کے ساتھ معاشی اور تجارتی تعلقات کو بہتر بنانے اور دونوں ممالک کے درمیان تجارت کو فروغ دینے کے لیے پاکستان کی جانب سے کئی اقدامات کیے جارہے ہیں۔ عمران خان کے دورہ چین سے قبل پاکستان نے چین پاکستان معاشی راہداری اتھاریٹی تشکیل دی ہے۔(China Pakistan Economic Corridor Authority)وزیر اعظم عمران خان کی راست نگرانی میں انہی کے دفتر سے کام کرے گی۔

کشمیر میں دفعہ ۳۷۰ کی برخاستگی اور وہاں حکومت ہند کی جانب سے عائد کردہ پابندیوں کو مسلمانوں پر مظالم کے نام سے دنیا بھر میں مخالف ہند پروپگنڈہ کرنے اور عالم اسلام کو متحد کرنے کی باتیں کرنے والے پاکستانی وزیر اعظم عمران خان کی جانب سے چین کی سرزمین پر چینی صدر سے ملاقات کے دوران وہاں یغور مسلمانوں پر چین کی جانب سے کئے جارہے مظالم پر خاموشی معنی خیز ہے۔

اپنے ایک پڑوسی ملک کے خلاف دنیا بھر میں واویلا مچانے والے عمران خان نے دوسرے پڑوسی ملک کے مسلمانوں پر جاری مظالم پر اس طرح خاموشی اختیار کرلی جیسے انھیں سانپ سونگھ گیا ہو یا پھر انہوں نے اپنی آنکھوں پر پٹی باندھ لی ہو۔ چینی صدر سے ملاقات کے موقع پر کم سے کم احتجاج کے دو لفظ ہی ان کے سامنے ادا کر دیتے لیکن عمران خان نے ایسا نہیں کیا بلکہ یغور مسلمانوں کے معاملے میں ان کی خاموشی اور کشمیر کے مسئلہ پر جارحانہ رویہ پاکستان کی ڈوغلی اور خودغرضی پر مبنی پالیسی کی پول کھول دیتا ہے۔

ہندوستانی وزیر اعظم نریندر مودی کی دعوت پر چین کے صدر ژی جن پنگ جمعہ اور ہفتے کو ہندوستان کا دورہ کریں گے۔ اس موقع پر دونوں قائدین کے درمیان غیر رسمی چوٹی ملاقات ہوگی جس میں دہشتگردی، سرحد پر امن، مسئلہ کشمیر اور دیگر اہم امور پر تبادلہ خیال ہوگا۔

اطلاعات کے مطابق پاکستانی وزیر اعظم عمران خان عنقریب پھر ایک مرتبہ سعودی عرب کا دورہ کریں گے اور ولیعہد شہزادہ محمد بن سلمان سے ملاقات کریں گے جبکہ جاریہ ماہ کے آخر میں ہندوستانی وزیر اعظم نریندر مودی کا دورہ سعودی عرب تقریبا"یقینی ہے۔

پاکستان کی مسلسل کوششوں کے باوجود مسئلہ کشمیر کے معاملے میں اسے ہندوستان کے خلاف ابھی تک کوئی بڑی سفارتی کامیابی حاصل نہیں ہوئی ہے۔ آئندہ چند ہفتوں میں جبکہ دونوں ممالک ہندوستان اور پاکستان کے وزرائے اعظم سعودی عرب کا دورہ کریں گے تو اس سے کیا نتائج بر آمد ہونگے یہ دیکھنا بڑا دلچسپ ہوگا۔

ایک اطلاع کے مطابق سعودی ولیعہد شہزادہ محمد بن سلمان اس بات کی کوشش کر رہے ہیں کہ ریاض میں اس ماہ کے آخر میں منعقد شدنی انویسٹمنٹ سمٹ میں ہندوستان کے وزیر اعظم نریندر مودی اور پاکستانی وزیر اعظم عمران خان دونوں کو مدعو کیا جائے تاکہ موقع کی مناسبت سے ان کی ملاقات اور بات چیت کے ذریعے مسئلہ کشمیر کے حل کی سمت کوئی پیش رفت ہو۔

☆☆☆   شائع شدہ: روزنامہ اعتماد ۱۳؍ اکتوبر ۲۰۱۹

کالم: ۲۲

ریاض میں مودی و عمران کی متوقع ملاقات

ہندوستان اور پاکستان کے وزرائے اعظم نریندر مودی اور عمران خان ریاض میں منعقد شدنی سرمایہ کاری کانفرنس میں شرکت کریں گے۔ اس موقع پر ہمسایہ ممالک کے قائدین کی ملاقات کی توقع کی جارہی ہے۔ سعودی حکومت نے دونوں قائدین کو اس کانفرنس میں شرکت کے لیے مدعو کیا ہے۔
مسئلہ کشمیر پر ہندوستان کا ہمیشہ سے یہی موقف رہا ہے کہ یہ ہمارا اندرونی معاملہ ہے اور اس پر پاکستان سے بات چیت کے لئے ہمیں کسی تیسرے فریق یا ثالث کی ضرورت نہیں ہے۔ امریکی صدر ڈونلڈ ٹرمپ نے متعدد بار ثالثی کی پیشکش بھی کی لیکن ہندوستان نے اس پیشکش کو کبھی قبول نہیں کیا۔
سعودی عرب عالم اسلام کا اہم ترین ملک ہے جس کے دونوں ممالک ہندوستان اور پاکستان کے ساتھ گہرے تعلقات ہیں۔ تین ملین سے زیادہ تارکین ہند کا میزبان، مختلف امور پر بہترین تعلقات کے حامل سعودی عرب ہندوستان میں سرمایہ کاری کے نئے مواقع میں غیر معمولی دلچسپی رکھتا ہے جس سے دونوں ممالک کے تعلقات مضبوط ترین ہوتے جارہے ہیں۔
پاکستان نے مسئلہ کشمیر پر سعودی عرب کو مخالف ہند رویہ اختیار کرنے کے لیے حکومتی اور سفارتی سطح پر بہت کوششیں کیں لیکن ہند سعودی تعلقات پر کوئی اثر نہیں پڑا۔ ہاں پاکستان اور سعودی عرب کے تعلقات بھی بہت خوشگوار ہیں۔ حالیہ عرصہ میں پاکستانی وزیر اعظم عمران خان کی جانب سے متعدد مرتبہ سعودی عرب اور اسی ہفتے سعودی عرب اور ایران کے درمیان کشیدگی کم کرنے کے لئے ان کی جانب سے دونوں ممالک کے دورے سے بھی اس س بات کا اندازہ لگایا جاسکتا ہے۔

دونوں ممالک ہندوستان اور پاکستان سے بہتر تعلقات کی وجہ سے سعودی عرب نے دونوں ممالک کے وزرائے اعظم کو ایک ہی پلیٹ فارم پر جمع کرنے کے لئے انھیں ریاض میں منعقد شدنی کانفرنس میں مدعو کیا ہے۔ سعودی عرب کی قیادت اور خاص کر ولیعہد شہزادہ محمد بن سلمان کے نظریات اور پالیسی کے باعث نریندر مودی اور عمران خان کی ریاض میں ملاقات کے زبردست امکانات نظر آتے ہیں۔ دونوں قائدین کو مشترکہ پلیٹ فارم پر جمع کرکے سعودی عرب نے دونوں ممالک کو بات چیت کے ذریعے کشیدگی کم کرنے اور امن کی سمت پیش قدمی کا ایک سنہری موقع فراہم کیا ہے۔ دونوں ممالک ہندوستان اور پاکستان اس موقع سے کتنا فائدہ اٹھائیں گے اور کشیدگی کم کرنے میں کس قدر پیش قدمی کریں گے یہ تو انویسٹمنٹ سمٹ کے موقع پر ہی پتہ چلے گا جب نریندر مودی اور عمران خان ایک دوسرے کے روبرو ہوں گے۔

اخباری اطلاعات کے مطابق سعودی حکومت نے دونوں وزرائے اعظم کو ۲۹ تا ۳۱ اکتوبر ریاض میں منعقد شدنی سرمایہ کاری چوٹی کانفرنس Future Investment Sunmit میں شرکت کے لئے مدعو کیا ہے۔ ہندوستانی وزارت خارجہ کی جانب سے ابھی تک وزیر اعظم کے دورہ ریاض کی تفصیلات کا اعلان نہیں کیا گیا تاہم سعودی عرب کی جانب سے ہندوستان میں سرمایہ کاری کے حالیہ اعلانات اور دونوں ممالک کے بہترین تعلقات کی بناء پر اس بات کا اندازہ لگایا جا سکتا ہے کہ وزیر اعظم نریندر مودی سعودی حکومت کی دعوت کو لازمی طور پر قبول کرلیں گے۔ ہندوستان اور سعودی عرب کے درمیان تعلقات صرف تجارت کی بنیاد پر نہیں ہیں بلکہ دونوں ممالک کے درمیان تہذیبی، ثقافتی اور مذہبی تعلقات بہت قدیم ہیں۔ توقع ہے کہ وزیر اعظم ہند نریندر مودی اپنے دورہ ریاض کے دوران سرمایہ کاری چوٹی کانفرنس میں شرکت کے علاوہ سعودی عرب کے اہم قائدین سے ملاقات بھی کریں گے۔ سعودی عرب کی ہندوستان میں سرمایہ کاری کے ضمن میں حالیہ اعلانات اور دہشت گردی کے خلاف لڑائی سے متعلق دونوں ممالک کے درمیان مختلف معاہدوں پر دستخط کیے جانے کی بھی توقع ہے۔

وزیر اعظم نریندر مودی کا دورہ ریاض کتنے دنوں پر مشتمل ہو گا اور ان کی کیا مصروفیات رہیں گی اس بارے میں ابھی تک کوئی اعلان نہیں کیا گیا ہے، تاہم سعودی عرب اور خاص کر ریاض میں مقیم تارکین ہند میں اس بات کا زبردست تجسس پایا جاتا ہے کہ آیا نریندر مودی ریاض میں بھی ہاؤڈی مودی کی طرح کسی عوامی جلسے کو مخاطب کریں گے۔ یہاں سعودی عرب میں کوئی بڑا جلسہ منعقد کرنا اب ناممکن نہیں رہا کیونکہ انٹرٹینمنٹ کے نام پر دنیا کے بڑے بڑے فنکار یہاں اسٹیج پر پرفارم کر رہے ہیں، نہ صرف ہالی ووڈ بلکہ بالی وڈ کے ستارے بھی یہاں اسٹیج کی رونق بڑھانے لگے ہیں۔

بی جے پی کی تہذیبی شاخ سمنویاSamanwaya نے سعودی عرب میں اچھی خاصی رکنیت سازی کر لی ہے۔ عالمی یوم یوگا کے موقع پر اس تنظیم نے ریاض میں پرنس سلطان یونیورسٹی کے اسٹیڈیم میں یوگا کا ایک بڑا پروگرام منعقد کیا تھا جس میں دو ہزار سے بھی زیادہ تارکین ہند نے شرکت کی تھی۔ اس تنظیم سے خواتین بھی بڑی تعداد میں وابستہ ہیں۔ اگر وزیر اعظم مودی اپنی سرکاری مصروفیات کے بعد کچھ وقت نکالتے ہیں تو یہ تنظیم ان کے لیے ضرور کوئی بڑا پروگرام منعقد کر سکتی ہے۔

۲۰۱۴ میں بر سر اقتدار آنے کے بعد نریندر مودی ہندوستان کی قدیم اور روایتی یوگا کو بیرونی ممالک میں فروغ دینے میں کافی سرگرم رہے ہیں۔ اسی ضمن میں اقوام متحدہ کی جانب سے ہر سال ۲۱ جون کو بین الاقوامی یوم یوگا منانے کا اعلان کیا گیا۔ اس کے بعد دنیا کے بیشتر ممالک میں واقع ہندوستانی سفارت خانوں کی جانب سے یوگا ڈے کا ہر سال بڑے پیمانے پر اہتمام کیا جانے لگا ہے۔

سعودی عرب میں یوگا کو فروغ دینے میں سعودی خاتون یوگا چاریہ نوف المروائی کا اہم ترین رول رہا ہے۔ وہ تقریبا دو دہائیوں سے سعودی عرب میں یوگا کو فروغ دینے میں مصروف ہیں۔ انہوں نے ۲۰۱۰ میں عرب یوگا فاؤنڈیشن کا قیام عمل میں لایا۔ سعودی عرب کے مختلف شہروں میں یوگا کے تربیتی مراکز قائم کیے گئے ہیں۔ نوف المروائی کے علاوہ سمنویا کی جانب سے بھی سعودی عرب میں یوگا کو فروغ دینے کی کوششیں مسلسل جاری ہیں، ان میں یوگا چاریہ سومیا بہت سرگرم ہیں۔ سعودی عرب میں یوگا کو فروغ دینے میں غیر معمولی خدمات کے عوض حکومت ہند نے سعودی یوگا چاریہ

نوف المروائی کو پچھلے سال ملک کے تیسرے اعلی ترین سول اعزاز پدم شری سے نوازا۔
جاریہ سال انٹر نیشنل یوگا ڈے کے موقع پر منعقدہ پروگرام میں بی جے پی کی کلچرل ونگ سمنویا نے بنگلور کی یونیورسٹی کے رجسٹرار ڈاکٹر سری ندھی پارتھاسارتھی کو خصوصی طور پر مدعو کیا تھا۔اس موقع پر سفیر ہند برائے سعودی عرب ڈاکٹر اوصاف سعید کے ساتھ ایک خصوصی ملاقات میں پارتھاسارتھی نے سعودی عرب میں یوگا کو مزید فروغ دینے کے لیے کئی تجاویز پیش کیں اور یوگا سے متعلق مختلف امور پر تبادلہ خیال بھی کیا۔ اس ملاقات کے دوران اس بات پر بھی اتفاق ہوا کہ سعودی یونیورسٹیز میں یوگا چیئر قائم کرنے کی کوششیں کی جائیں۔ وزیر اعظم ہند نریندر مودی کے دورہ ریاض کے موقع پر سعودی عرب میں یوگا سے متعلق کوئی اہم اعلان کیا جاسکتا ہے یا پھر کسی معاہدے کو بھی قطعیت دی جاسکتی ہے۔
سعودی عرب پٹرول کیمیکلز اور قدرتی گیاس کے علاوہ ہندوستان کے مختلف شعبوں میں سرمایہ کاری میں غیر معمولی دلچسپی رکھتا ہے، حال ہی میں ۱۰۰ بلین ڈالر کی سرمایہ کاری کا اعلان کیا گیا ہے۔
سعودی عرب اپنی تیل تنصیبات کی حفاظت کے لئے کافی سنجیدہ ہے خاص طور پر پچھلے دنوں سعودی ارامکو پر حملوں کے بعد سعودی قیادت اپنے محفوظ تیل ذخائر کے مراکز بیرون ملک بھی قائم کرنے کا منصوبہ رکھتی ہے۔ اس ضمن میں سعودی عرب کے خام تیل کو ہندوستان میں زیر زمین بنکروں میں محفوظ کرنے کا منصوبہ ہے۔ ہندوستان کے مغربی ساحل سمندر پر منگلور، رتناگیری اور کنڈلہ کے مقامات زیر غور ہیں۔ اس کے علاوہ سعودی عرب سے خام تیل کی ہندوستان منتقلی کے لئے زیر سمندر پائپ لائن کی تعمیر کا بھی منصوبہ ہے۔ اس طرح سعودی عرب کا خام تیل راست ہندوستان کو منتقل کیا جاسکے گا اور کسی بھی قسم کی ناگہانی صورتحال میں سعودی عرب اپنے تیل صارفین کو ہندوستانی ذخائر سے راست تیل سربراہ کرسکے گا۔
بہرحال ہندوستانی وزیر اعظم نریندر مودی کے دورہ ریاض کی تفصیلات ہندوستانی وزارت خارجہ کی جانب سے جب جاری کی جائیں گی تب ہی پتہ چلے گا کہ ان کا یہ دورہ کتنے دن پر مشتمل ہوگا اور اس

دوران ان کی کیا مصروفیات رہیں گی۔

ہند سعودی تعلقات میں حالیہ عرصے میں ہوئی پیشرفت کی وجہ سے فیوچر انوسٹمنٹ سمٹ میں ہندوستانی وزیر اعظم کا خطاب کافی اہمیت کا حامل اور دلچسپ ہو گا۔ اس کے علاوہ ہندوستانی اور سعودی حکومتوں کی جانب سے سرمایہ کاری سے متعلق کوئی بڑے اعلان کی بھی توقع کی جا رہی ہے۔ ہندوستانی وزیر اعظم نریندر مودی اور ان کے پاکستانی ہم منصب عمران خان کی ایک ہی پلیٹ فارم پر موجودگی سے یہ دیکھنا بھی بڑا دلچسپ رہے گا کہ آیا دونوں قائدین کے درمیان کوئی بات چیت بھی ہو گی یا نہیں۔ بہر حال ہماری تو یہی خواہش ہے کہ دونوں قائدین خوش دلی سے بات چیت کرتے ہوئے دونوں ممالک کے درمیان موجود تمام تنازعات کو ختم کرنے کی سمت قدم بڑھاتے ہوئے اور دوستی کا ہاتھ بڑھائیں۔ ہندوستان اور پاکستان کے درمیان کشیدگی ختم ہو جائے تو برصغیر میں امن کے ساتھ ساتھ تجارت کے لئے بھی ماحول سازگار بن سکتا ہے۔

☆☆☆   شائع شدہ: روزنامہ اعتماد ۲۰؍اکتوبر ۲۰۱۹

کالم: ۲۳

ملک میں سب چنگا سی، لیکن۔۔۔

ہندوستانی وزیر اعظم نریندر مودی مختلف ممالک میں گھوم گھو کر ساری دنیا کو یہ پیغام دے رہے ہیں کہ ملک میں سب کچھ ٹھیک ٹھاک ہے۔ امریکہ کے شہر ہیوسٹن میں منعقدہ پروگرام ہاوڈی مودی میں کیا گیا وہ دعوی ابھی تک سب کے ذہنوں میں تازہ ہے جہاں نریندر مودی نے سینہ ٹھونک کر کہا تھا کہ بھارت میں سب کچھ چنگا سی، یعنی ملک میں سب کچھ ٹھیک ٹھاک ہے۔

مودی حکومت تو پانچ ٹریلین کی معیشت کے خواب دیکھ رہی ہے لیکن زمینی سطح پر ملک کے حالات ایسے ہیں کہ حکوت کا خواب چکنا چور ہوتا نظر آرہا ہے۔ ملک کے مختلف علاقوں میں کسانوں کی خودکشی کے واقعات کے بعد اب پی ایم سی بینک کے کھاتہ دار بھی خودکشی کرنے لگے ہیں۔ کئی کارخانوں کے بند ہو جانے کے بعد ملک کی معیشت مسلسل کمزور ہوتی جارہی ہے۔ ایسے میں حال ہی میں آئیر لینڈ سے جاری کردہ گلوبل ہنگر لسٹ (Global Hunger List) میں ہندوستان ۱۰۲ نمبر پر ہے۔ ۱۱۷ ممالک کی اس فہرست میں ہندوستان اپنے پڑوسی ممالک پاکستان، بنگلہ دیش، نیپال غیرہ سے بھی بہت پیچھے ہے۔

مسئلہ کشمیر پر پاکستان اور دیگر چند ممالک نے مخالف ہند موقف اختیار کیا تھا لیکن عوام کی بھوک سے متعلق اس فہرست میں ہندوستان کی بدترین پوزیشن سے دنیا بھر میں ملک کی ساکھ بری طرح متاثر ہونے کا خدشہ ہے۔

آئر لینڈ کی ایجنسی کنسرن ورلڈ وائیڈ (Concern Worldwide) اور جرمنی کی ویلٹ ہنگر ہلف

(Welt Hungerhelf) کی جانب سے مشترکہ طور پر یہ فہرست ہر سال جاری کی جاتی ہے۔ یہ دونوں ایجنسیز دنیا کے مختلف ممالک سے ڈاٹا جمع کرتی ہیں اور پھر چار اہم پیمانوں پر اس ڈاٹا کی تنقیح کی جاتی ہے اور پھر اسی کی بنیاد پر تمام ممالک کی فہرست تیار کی جاتی ہے۔ ان پیمانوں میں پہلا عوامی ضروریات کے مطابق تغذیہ بخش غذا کی دستیابی، دوسرا تغذیہ بخش غذا کی عدم دستیابی کے باعث پانچ سال سے کم عمر بچوں کے خلیے (cells) ختم ہونے کی وجہ سے بچوں میں پیدا ہونے والی جسمانی کمزوری، تیسرا بچوں کی عمر کے مطابق ان کے قد میں توازن نہ ہونا یعنی غذا کی عدم دستیابی کے باعث جسم کا فروغ رک جانا جس کی وجہ سے بچوں کا قد بڑھنے سے رک جاتا ہے اور چوتھا پانچ سال سے کم عمر میں فوت ہونے والے بچوں کی تعداد شامل ہیں۔

متذکرہ بالا چار پیمانوں پر ۱۱۷ ممالک کے ڈاٹا کو جانچا گیا اور اس فہرست میں ہندوستان کو ۱۰۲ واں مقام حاصل ہوا یعنی کہ صرف ۱۵ ممالک ایسے ہیں جہاں کی حالت ہندوستان سے بھی زیادہ خراب ہے۔ ہمارے پڑوسی ممالک کی حالت ہندوستان سے کافی بہتر ہے اور اس فہرست میں ان ممالک کی پوزیشن بھی ہم سے اوپر ہے۔ ہندوستان کے پڑوسی ممالک میں پاکستان ۹۴ ویں مقام پر ہے جبکہ بنگلہ دیش ۸۸ ویں، نیپال ۷۳ ویں اور سری لنکا ۶۶ ویں پوزیشن پر ہے۔

اس رپورٹ کے مطابق ہندوستان میں ۶ سے ۲۳ ماہ کی عمر کے صرف ۹ء۶ فیصد بچوں کو ہی قابل قبول اقل ترین تغذیہ بخش غذا دستیاب ہوتی ہے۔

رپورٹ کے مطابق سال ۲۰۱۸ میں دنیا بھر میں ۲۵۷ ملین افراد شدید بھوک کا شکار رہے ہیں جبکہ ۸۲۲ ملین افراد بھوک سے متاثر ہو چکے ہیں۔ فہرست میں شامل ۱۱۷ ممالک میں سے ۴۷ ممالک ایسے ہیں جنہیں شدید اور تشویشناک صورتحال کے زمرے میں رکھا گیا ہے اور ہندوستان بھی ان میں شامل ہے۔

دلچسپ بات یہ ہے کہ ۲۰۱۳ کے مقابلے میں ۲۰۱۴ میں ہندوستان کی پوزیشن بہتر ہوئی تھی۔ ۲۰۱۳ میں جاری کردہ فہرست میں ہندوستان کا پوزیشن ۶۳ تھا جو ۲۰۱۴ میں میں بہتر ہو کر ۵۵ تک پہنچ گیا

تھا لیکن 2015 سے ہندوستان کا پوزیشن مسلسل خراب ہوتا جارہا ہے۔ اس فہرست میں ہمارا ملک ۲۰۱۵ میں ۸۰ ویں پوزیشن پر تھا جب کہ ۲۰۱۶ میں ۹۷ اور ۲۰۱۷ میں ۱۰۰ ویں پوزیشن پر تھا جبکہ ۲۰۱۸ میں ۱۰۳ پر آ گیا۔ تازہ ترین رپورٹ میں ہندوستان ایک پوزیشن اوپر آ کر ۱۰۲ ویں پوزیشن پر ہے۔

ورلڈ ہنگر لسٹ پہلی مرتبہ ۲۰۰۶ میں انٹرنیشنل فوڈ پالیسی ریسرچ انسٹی ٹیوٹ اور جرمنی کے ادارہ ویلٹ ہنگر ہلف نے مشترکہ طور پر جاری کی تھی جبکہ ۲۰۰۷ میں آئرلینڈ کی این جی او کنسرن ورلڈ وائیڈ بھی اس رپورٹ کی مشترکہ اشاعت میں شامل ہوگئی۔ پچھلے سال یعنی ۲۰۱۸ سے فوڈ پالیسی ریسرچ انسٹیٹیوٹ نے گلوبل ہنگر انڈیکس کی اشاعت سے خود کو علیحدہ کر لیا اور اس طرح اب یہ ویلٹ ہنگر ہلف اور کنسرن ورلڈ وائیڈ کی جانب سے جاری کی جارہی ہے۔

اس فہرست کی تیاری کا طریقہ کار یوں ہے کہ متذکرہ بالا چار پیمانہ جات کی بنیاد پر ہر ملک کو صفر سے ۱۰۰ تک پوائنٹ دیئے جاتے ہیں جس میں صفر بہترین اسکور مانا جاتا ہے۔ صفر یا ۱۰۰ پوائنٹس کسی بھی ملک کو نہیں مل پاتے ہیں لیکن صفر تا ۹ء۹ پوائنٹس کو کم بھوک کی علامت سمجھا جاتا ہے جبکہ ۱۰ تا ۹ء۱۹ پوائنٹس حاصل کرنے والے ممالک کو اعتدال پسند بھوک (Moderate Hunger) کے زمرے میں شامل کیا جاتا ہے۔ ۲۰ سے ۵ء۳۴ پوائنٹس س کے حامل ممالک کو شدید بھوک (Serious Hunger) اور ۳۵ سے ۹ء۴۹ پوائنٹس س کے حامل ممالک کو تشویشناک بھوک (Alarming Hunger) کے زمرے میں شمار کیا جاتا ہے۔ اسی طرح ۵۰ یا اس سے زیادہ پوائنٹس حاصل کرنے والے ممالک کو شدید خوفناک صورتحال کا سامنا کرنے والے ممالک میں شمار کیا جاتا ہے۔

۲۰۱۹ کی تازہ ترین فہرست میں ہندوستان کو ۳ء۳۰ پوائنٹس حاصل ہوئے ہیں جو کہ شدید بھوک سے متاثرہ ممالک میں شامل ہے۔ اس فہرست میں شامل کل ۱۱۷ ممالک میں ۴۷ ممالک ایسے ہیں جو شدید اور تشویشناک بھوک سے متاثرہ ممالک کے زمرے میں شامل ہیں۔ شدید طور پر بھوک سے

متاثرہ ممالک میں سنٹرل افریقن ریپبلک، یمن، ملیشیا، مڈاگاسکر، وینزویلا، لبنان، موریتانیہ وغیرہ شامل ہیں۔

۲۰۱۴ میں میں ۷۶ ممالک کی فہرست میں ہندوستان ۵۵ویں نمبر پر تھا لیکن پانچ سال کے عرصے میں دنیا میں تیزی سے ترقی کرنے کے دعویدار ملک ہندوستان کی پوزیشن بدستور گرتی گئی اور جاریہ سال جاری کردہ ۱۱۷ ممالک کی تازہ ترین فہرست میں ہندوستان کو ۱۰۲ واں مقام حاصل ہوا۔

ہندوستان نے پچھلی چار دہائیوں میں Public Distribution System کے ذریعہ رعایتی شرح پر غذائی اجناس کی سربراہی کے ذریعے غریب عوام کی بھوک مٹانے میں کافی حد تک کامیابی حاصل کرلی۔ ۲۰۰۶ میں اس وقت کی کانگریسی حکومت نے مہاتما گاندھی نیشنل رورل ایمپلائمنٹ گیارنٹی ایکٹ (MGNREGA) کے ذریعے اس نظام کو مزید تقویت بخشی۔ اس کے تحت دیہی علاقوں میں ہر نوجوان کو سالانہ کم از کم ۱۰۰ دن روزگار کی طمانیت دی گئی اور روزگار نہ ملنے کی صورت میں حکومت ۱۰۰ دن کی اجرت کے مماثل رقم ادا کرنے کی ضامن ہوگی۔

اس سکیم سے ۲۱ ملین سے زیادہ خاندانوں نے استفادہ کیا اور استفادہ کنندگان کی تعداد میں ہر سال مسلسل اضافہ ہوتا گیا۔ ۲۰۱۱ میں استفادہ کنندگان کی تعداد بڑھ کر ۵۵ ملین تک پہنچ گئی جو کہ ملک کی آبادی کا لگ بھگ نصف حصہ ہے۔ MGNREGA نے ملک کے دیہی علاقوں کی معیشت کو مضبوط کرنے میں اہم رول ادا کیا۔ اس امر کا اندازہ اس بات سے بخوبی لگایا جاسکتا ہے کہ اقوام متحدہ کے ترقیاتی پروگرام (UNDP) کی ایک حالیہ رپورٹ کے مطابق ۲۰۰۵ اور ۲۰۱۵ کے درمیان ہندوستان کے ۲۷۰ ملین افراد سطح غربت سے اوپر آئے۔ اسی اسکیم کی مقبولیت کو ۲۰۰۹ کے پارلیمانی انتخابات میں کانگریس کی کامیابی کی اہم ترین وجہ سمجھا جاتا ہے۔

۲۰۱۴ میں بی جے پی حکومت کے برسر اقتدار آنے کے بعد وزیر اعظم نریندر مودی نے اس اسکیم کو ہی ختم کردیا۔ وہ پہلے سے ہی اسے عوامی پیسے کا بے جا اسراف اور رشوت خوری کا ذریعہ کہہ کر اس کی مخالفت کرتے رہے اور انہوں نے اس اسکیم کے خلاف زبردست مہم بھی چلائی تھی جبکہ نوبل انعام

یافتہ ماہر معاشیات امرتیہ سین نے حکومت کو اس اسکیم سے دستبردار نہ ہونے کا مشورہ دیا تھا لیکن مودی حکومت کے کان پر جوں تک نہ رینگی۔

۲۰۱۶ میں نوٹ بندی کی مار نے ہندوستان کی غریب عوام کو معاشی طور پر بری طرح کمزور کر دیا۔ غیر منظم شعبہ کے لاکھوں مزدور اپنے روزگار سے محروم ہو گئے کیونکہ آجرین کے پاس ان کی اجرت ادا کرنے کے بھی پیسے نہیں تھے۔ زندگی بھر کی جمع پونجی کے ناکارہ یا ناقابل استعمال ہونے کے سبب کئی غریب افراد نے خودکشی کر لی جبکہ تقریباً ایک سال کے عرصے کے بعد ملک کے بینکس حسب معمول کام کاج انجام دینے کے موقف میں پہنچے۔

نوٹ بندی کے تقریباً ایک سال بعد مودی سرکار نے جی ایس ٹی کا ایسا جال بچھایا کہ ملک کی عوام اس جال میں بری طرح سے پھنس گئی۔

اس طرح بی جے پی حکومت نے اپنی مخالف عوام پالیسیوں کے ذریعے ملک کے عوام کی کمر توڑ کر رکھ دی۔ ماہرین معاشیات کے مشوروں کو بالائے طاق رکھ کر نریندر مودی کے من مانی فیصلوں نے ملک کی معیشت کو بری طرح نقصان پہنچایا اور اس کی تلافی مستقبل قریب میں ناممکن نظر آتی ہے۔ کم از کم اب بین الاقوامی اداروں کی فہرست میں ملک کے بدترین پوزیشن کو دیکھتے ہوئے حکومت کو ہوش کے ناخن لینے چاہئے اور ماہرین معاشیات، خاص کر نوبل انعام یافتہ ماہرین سے صلاح مشورہ کر کے عوام دوست پالیسیوں کو فروغ دینا چاہیے۔ اگر وزیر اعظم نریندر مودی کی من مانی کا سلسلہ یوں ہی چلتا رہا تو عالمی سطح پر ہندوستان کو مزید ہزیمت اٹھانی پڑے گی۔

☆☆☆ شائع شدہ: روزنامہ اعتماد ۲۷/۱۰/۲۰۱۹، ۲۷/ اکتوبر ۲۰۱۹

کالم: ۲۴

ہندوستان و سعودی عرب ترقی کی راہ پر ہم قدم

ہندوستانی وزیر اعظم نریندر مودی کا حالیہ دورہ ریاض انتہائی اہمیت کا حامل رہا۔ اس موقع پر ایک درجن معاہدوں پر دستخط کے ذریعے ایشیا کے ان اہم ترین ممالک نے مختلف شعبوں میں ایک دوسرے کے ساتھ تعاون واشتراک کا عہد کیا۔

دونوں ممالک باہمی اشتراک و تعاون سے اپنے مستقبل کے اہداف کے حصول میں ایک دوسرے کی مدد کریں گے۔ ہندوستان نے توانائی اور دیگر شعبوں میں ایک سو بلین ڈالر کی سرمایہ کاری سے ملک کی معیشت کو اگلے پانچ سال میں دوگنا کرنے کا نشانہ مقرر کیا ہے جبکہ سعودی ولیعہد شہزادہ محمد بن سلمان کے مدبرانہ نظریات پر مبنی ویژن ۲۰۳۰ میں مقرر کردہ اھداف کے مطابق تیل پر انحصار کو کم کرتے ہوئے دیگر کئی شعبوں میں فروغ و ترقی کے اھداف متعین کئے گئے ہیں۔ ان اھداف کے حصول میں دونوں منالک ایک دوسرے کا تعاون کریں گے۔

وزیر اعظم ہند کے دورہ ریاض کے موقع پر کیے گئے معاہدوں میں اسٹریٹجک پارٹنرشپ کونسل (Strategic Partnership Council) کے قیام سے متعلق معاہدہ کو اہم ترین اور انتہائی اہمیت کا حامل سمجھا جارہا ہے۔ دونوں ممالک کی اعلی ترین قیادت کے زیر نگرانی کام کرنے والی اس کونسل کے ملک سلمان بن عبدالعزیز اور وزیر اعظم نریندر مودی مشترکہ صدور ہوں گے۔ اسٹریٹجک کونسل کے قیام سے دونوں ممالک کئی شعبوں میں ایک دوسرے کے ساتھ تعاون و اشتراک کو فروغ دے سکیں گے۔ اس کونسل کا قیام خود اس بات کی علامت ہے کہ دونوں ممالک

ایک دوسرے کو بہت زیادہ اہمیت دیتے ہیں۔ پہلے سے ہی بہترین تعلقات کے حامل دونوں ممالک کے درمیان اب تجارت، سرمایہ کاری، دفاع جیسے اہم ترین شعبوں میں تعلقات مزید مستحکم ہوں گے۔

سعودی عرب ایسا چوتھا ملک ہے جس سے ہندوستان نے اس طرح کا معاہدہ کیا ہے، جس میں فریق ممالک کی اعلی ترین قیادت کی سرپرستی شامل ہے۔ اس سے قبل ہندوستان نے جرمنی، روس اور فرانس کے ساتھ اس طرح کے معاہدے کیے ہیں۔ اسی طرح سعودی عرب بھی اس سے قبل برطانیہ، فرانس اور چین سے اس طرح کے معاہدے کر چکا ہے۔

قومی دفاع اور دہشت گردی کے خلاف ٹھوس اقدامات کرنے میں ہندوستان اور سعودی عرب پہلے سے ایک دوسرے کے ساتھ تعاون کر رہے ہیں۔ دونوں ممالک کے درمیان دفاعی امور میں تعاون واشتراک کے لیے ڈیفنس کوآپریشن کمیٹی قائم کی گئی ہے جو وقفے وقفے سے اپنے اجلاس کے ذریعے باہمی دلچسپی کے امور کی نہ صرف نشاندہی کرتی ہے بلکہ دونوں ممالک کے دفاعی نظام کو مستحکم کرنے میں اہم رول ادا کرتی ہے۔ اس سلسلے میں ایک اہم پیشرفت کے طور پر آئندہ مہینوں میں ہندوستان اور سعودی عرب کی دفاعی افواج سعودی عرب میں میں مشترکہ مشقیں بھی کریں گے۔ دفاع کے معاملے میں دونوں ہی ممالک کو اپنے پڑوسیوں سے ایک ہی طرح کا خطرہ لاحق ہے۔ ہندوستان کو جہاں پاکستان اور چین جیسے پڑوسیوں کا سامنا ہے تو وہیں سعودی عرب ایران اور یمن میں ایران نواز حوثیوں سے نبرد آزما ہے۔ ایسے میں دونوں ممالک قومی دفاع کے معاملے میں ایک دوسرے کے ساتھ تعاون کو بہت زیادہ اہمیت دیتے ہیں۔ وزیراعظم کے دورے سے چند روز قبل ہی ہندوستان کے قومی دفاعی مشیر کے دورہ سعودی عرب اور سعودی ولیعہد پرنس محمد بن سلمان اور اپنے سعودی ہم منصب سے تفصیلی ملاقار اور طویل گفتگو سے اس بات کا بخوبی اندازہ لگایا جاسکتا ہے کہ دونوں ممالک دفاعی امور میں غیر معمولی شراکت اور تعاون میں دلچسپی رکھتے ہیں۔ اسی طرح دہشت گردی کیخلاف لڑائی میں بھی دونوں ممالک ایک دوسرے کے ہم قدم ہیں۔

اس موقع پر دونوں ممالک نے سائبر سیکیوریٹی سے متعلق اہم معاہدہ کو بھی قطعیت دی۔
پچھلے چند مہینوں میں سعودی عرب کی تیل تنصیبات پر حملوں کے بعد سعودی عرب نے اپنے محفوظ تیل ذخائر کا کچھ حصہ بیرون ملک منتقل کرنے کا منصوبہ بنایا تو اسے ہندوستان محفوظ ملک نظر آیا۔ لہذا سعودی آرامکو نے انڈیا اسٹریٹجیک پٹرولیم رزرو لمیٹڈ کے ساتھ ایک معاہدہ کیا ہے جس کے مطابق کرناٹک کے ساحلی علاقہ پدور میں سعودی تیل ذخائر کو محفوظ کیا جائے گا۔
لگ بھگ تیس لاکھ سے زیادہ ہندوستانی تارکین وطن کے میزبان اور حج و عمرہ کے لئے ہر سال لاکھو ہندوستانی عازمین کی آمد و رفت کے باعث شہری ہوابازی بھی دونوں ممالک کے لئے انتہائی اہمیت کا حامل موضوع ہے۔ وزیر اعظم ہند نریندر مودی کے دورہ ریاض کے موقع پر شہری ہوابازی کے فرغ کے سلسلے میں بھی معاہدے پر دستخط کئے گئے ہیں جس کے مطابق دونوں ممالک اپنے قومی ایئر لائنز کی پروازوں میں نشستوں کی تعداد اور فلائٹس میں اضافہ کر سکیں گے۔
اس موقع پر ہندوستان نے روپے (Ru pay) کارڈ بھی جاری کیا۔ اس سے نہ صرف سعودی میں ہندوستانی تارکین وطن بلکہ لاکھوں زائرین حج و عمرہ بھی استفادہ کر سکیں گے۔ اس سے قبل یہ کارڈ ملیشیا، متحدہ عرب امارات اور بحرین میں جاری کیا گیا۔
زراعت اور قابل تجدید توانائی میں بھی دونوں ممالک کے درمیان معاہدے کئے گئے جس سے ان شعبوں میں دونوں ممالک میں تعاون و اشتراک کیا جائے گا۔

ریاض میں منعقدہ فیوچر انویسٹمنٹ انیشیٹو سمٹ (Future Investment Initiative Summmit) سے خطاب کرتے ہوئے وزیر اعظم مودی نے سعودی عرب اور دیگر ممالک کو ہندوستان میں سرمایہ کاری کے لئے مدعو کیا اور کہا کہ عالمی بینک کی جانب سے حال ہی میں جاری کردہ ایز آف ڈوئنگ بزنس (Ease of doing business) کی رینکنگ میں ہندوستان کا موقف پچھلے سال کی بہ نسبت کافی بہتر ہوا ہے۔ ایسے وقت میں جبکہ دنیا کے کئی ممالک معاشی مندی کا سامنا کر رہے ہیں ہندوستان کی رینکنگ پچھلے سال کی بہ نسبت ۷۷ سے گھٹ کر اس سال ۶۳ ہو گئی ہے۔

ہندوستان سرمایہ کاروں کے لیے بہترین مواقع فراہم کرتا ہے خاص طور پر کئی کامیاب اسٹارٹ اپس ہندوستان میں سرمایہ کاری کے لئے بہت ہی ساز گار ماحول کی نشاندھی کرتے ہیں۔

عالمی سطح پر چند طاقتور ممالک کی جانب سے اپنے قوانین اور ضوابط کے ذریعے عالمی معیشت کو کنٹرول کرنے کے رجحان پر تشویش کا اظہار کرتے ہوئے وزیر اعظم ہند نریندر مودی نے امید ظاہر کی کہ سعودی عرب میں آئندہ سال منعقد شدنی جی ۲۰ کے اجلاس میں عالمی سطح پر تعاون کے ذریعے معاشی استحکام پیدا کرنے میں اہم پیشرفت ہوگی۔

ہندوستان اور سعودی عرب کے درمیان تعلقات کے استحکام میں سعودی عرب کی اعلی ترین قیادت خاص کر ولیعہد محمد بن سلمان کی ہندوستانی وزیر اعظم نریندر مودی کے ساتھ بہترین تال میل اور دوستی کا اہم رول ہے۔ اسی سال فروری میں سعودی ولیعہد کے دورہ ہند کے موقع پر دونوں قائدین نے والہانہ انداز میں ایک دوسرے سے بغلگیر ہو کر بہترین تعلقات کا مظاہرہ کیا تھا۔ وزیر اعظم نریندر مودی کے دورہ ریاض کے موقع پر شاہ سلمان کی جانب سے شاہی ضیافت کے علاوہ ولیعہد نے اپنے فارم ہاؤس پر نریندر مودی کی خصوصی ضیافت کی۔

شاہی محل میں ملک سلمان اور نریندر مودی کی ملاقات کے موقع پر ہندوستانی وفد کے ارکان کا ملک سلمان سے تعارف کروایا گیا اور اسی طرح وزیر اعظم نریندر مودی سے شاہی خاندان کے اہم افراد، وزراء اور قائدین کا تعارف کروایا گیا۔ سفارتخانہ ہند کے ذرائع کے مطابق اس موقع پر سعودی قائدین کی تعداد بہت زیادہ تھی اور ہندوستانی وزیر اعظم سے ملنے کے لئے ان میں جوش و خروش دیکھا گیا۔

فیوچر انویسٹمنٹ انیشیٹیو سمٹ میں شرکت کرنے والے ہندوستانی وفد میں ۳۰۰ مندوبین شامل تھے جبکہ امریکی وفد میں صدر ڈونالڈ ٹرمپ کے داماد اور ان کے مشیر جارد کرشنر بھی شامل تھے۔ دنیا کے مختلف ممالک کے کئی اہم قائدین نے اس سمٹ میں شرکت کی۔

سعودی عرب کے ویژن ۲۰۳۰ کے مطابق سیاحت کو فروغ دینے کے لئے سیاحتی ویزا کا آغاز کیا گیا تو

بیرونی ممالک کے سیاحوں نے سعودی عرب میں زبردست دلچسپی کا مظاہرہ کیا۔ سیاحتی ویزا کے اجراء کے بعد صرف ایک ماہ میں ۷۰ ہزار سے زیادہ ویزے جاری کئے گئے۔

تیل پر انحصار کو بدستور کم کرنے اور دیگر شعبوں کو فروغ دینے کے سلسلہ میں اہم پیش رفت کرتے ہوئے اسی ہفتہ سعودی عرب نے بیرونی یونیورسٹیز کے لئے اپنے ملک کے دروازے کھول دینے کا اعلان کیا ہے۔ اب بیرونی یونیورسٹیز کے کیمپس کے سعودی عرب میں قیام کی راہ ہموار ہوگئی ہے۔ ہندوستانی تارکین وطن کے لئے یہ ایک شاندار موقع ہوگا کیونکہ اب تک ان کے بچوں کی اعلی تعلیم ان کا اہم ترین مسئلہ رہا ہے۔ ہندوستانی یونیورسٹیز کے لئے بھی سعودی عرب میں زبردست مواقع ہوں گے۔ ہندوستان اور سعودی عرب کے درمیان مستحکم تعلقات سے مختلف شعبوں میں نئے مواقع پیدا ہوں گے۔

ہندوستانی وزیر اعظم کے دورہ ریاض کی کامیابی میں سفارتخانہ ہند، خاص کر سفیر ہند ڈاکٹر اوصاف سعید کا اہم ترین رول رہا ہے۔ ان کے بطور سفیر ہند برائے سعودی عرب جائزہ حاصل کرنے کے بعد صرف ۶ ماہ میں وزیر اعظم نے سعودی عرب کا دورہ کیا تو اس بات کا بخوبی اندازہ لگایا جاسکتا ہے کہ عزت مآب سفیر ہند ڈاکٹر اوصاف سعید پچھلے چند مہینوں میں کس قدر مصروف رہے ہوں گے۔ عوامی سفارتکار کے طور پر مختلف ممالک میں اپنی خدمات کے انمٹ نقوش چھوڑنے کے بعد انھیں کی میعاد میں وزیر اعظم ہند کا کامیاب دورہ سعودی عرب بلا شبہ ان کے کریئر کے اہم ترین اسائنمنٹس میں شامل ہوگا۔

اسی طرح عالم عرب میں مقبول ایک اور سفارتی عہدیدار کا ذکر بھی ضروری ہے۔ پچھلے دس سال میں ہندوستانی وزراء کے عرب ممالک کے دوروں اور عرب قائدین کے ساتھ ملاقات و بات چیت کے وقت ہمیشہ ایک چہرہ نمایاں نظر آتا ہے۔ ڈاکٹر حفظ الرحمن اعظمی نے ہندوستانی وزارت خارجہ کے قابل اعتماد مترجم کے طور پر اپنی قابلیت کا لوہا منوایا ہے۔ وہ جس وقت سفارتخانہ ہند ریاض میں تھے تب بھی انھیں مختلف عرب ممالک میں طلب کیا جاتا تھا۔ نریندر مودی کے سابقہ دورہ ریاض،

متحدہ عرب امارات یا آنجہانی وزیر خارجہ سشما سوراج کے مختلف ممالک کے دوروں میں ہر وقت ڈاکٹر حفظ الرحمن ہی مترجم کے اہم ترین رول میں نظر آتے رہے ہیں۔ وزیر اعظم نریندر مودی کے اس دورہ کے موقع پر انھیں شام سے خاص طور پر بلا گیا تھا جہاں وہ سفیر ہند برائے ملک شام کے عہدہ پر فائز ہیں۔

بہر حال وزارت خارجہ کے مختلف عہدیداروں نے دن رات ایک کرتے ہوئے اپنی محنت سے وزیر اعظم کے دورہ کو کامیاب بنایا، اسی لئے وزارت کے تمام متعلقہ عہدیدار، سفیر ہند برائے سعودی عرب ڈاکٹر اوصاف سعید اور سفارتخانہ کے تمام عہدیدار مبارکباد کے مستحق ہیں۔

☆☆☆ شائع شدہ: روزنامہ اعتماد ۳/ نومبر ۲۰۱۹

کالم: ۲۵

خلیج میں کشید گی کیا جنگ کا پیش خیمہ ہے

پچھلے چند ہفتوں سے مشرق وسطی میں جاری کشید گی میں امریکہ اور ایران کے درمیان راست تنازعہ میں برطانیہ نے غیر جانبدارانہ موقف اختیار کیا لیکن پچھلے جمعہ کو ایران کی جانب سے خلیج عمان میں برطانوی پرچم کے حامل تیل بردار جہاز کو اس کے عملہ کے ساتھ حراست میں لئے جانے کے بعد ایران اور برطانیہ کے درمیان ایک نیا تنازعہ کھڑا ہو گیا۔ یہ واقعہ ایسے وقت پیش آیا جبکہ ایران اور امریکہ ایک دوسرے کے مقابل مختلف جارحانہ موقف اختیار کئے ہوے ہیں۔

ایک جانب خادم حرمین شریفین ملک سلمان بن عبد العزیز نے سعودی عرب میں مزید امریکی افواج کی آمد کی منظوری دے دی تو دوسری جانب امریکی صدر ڈونالڈ ٹرمپ نے سعودی عرب اور متحدہ عرب امارات کو ہتھیار کی فروختگی کے خلاف امریکی کانگریس کی قرارداد کو ویٹو کر کے دونوں ممالک کو امریکی ہتھیار فروخت کرنے کی راہ ہموار کر دی۔

امریکی وزیر خارجہ مائیک پامپیو [Mike Pompeo] نے خلیج میں امریکی تنصیبات اور اس کے اتحادیوں کو ایران سے درپیش خطرات کی وجہ سے دونوں ممالک کے لیے ۸ء۱ بلین ڈالر مالیتی ہتھیاروں کی فروخت کو ضروری قرار دیا۔ امریکہ کے مطابق خلیج کی موجودہ صورتحال میں خلیج کے حلیف ممالک کو ہتھیار فراہم نہ کرنے سے ایسے اشارے ملیں گے کہ امریکہ ان کے ساتھ نہیں ہے۔ پامپیو کے مطابق ان ہتھیاروں کی فروخت سے امریکہ اور اس کے خلیجی اتحادی ممالک کے اتحاد کو تقویت حاصل ہو گی۔

خلیج میں تیل بردار جہازوں کی آمد ورفت کے انتہائی اہم ترین علاقہ سے برطانوی پرچم کے حامل تیل بردار جہاز کو اپنے قبضہ میں لینے کے بعد ایران نے اسے دو ہفتہ قبل جبرالٹر میں ایرانی تیل بردار جہاز کو قبضہ میں لیے جانے کی جوابی کاروائی قرار دیا اور دعویٰ کیا کہ ایران نے بین الاقوامی قانون کی کوئی خلاف ورزی نہیں کی۔

دو ہفتہ قبل جبرالٹر کے حکام نے ایرانی تیل بردار جہاز کو اپنے قبضہ میں لیتے ہوئے ایران پر الزام عائد کیا تھا کہ ایران یورپی یونین کی پابندیوں کی خلاف ورزی کرتے ہوئے شام کو ۲ء۱ ملین بیرل تیل سربراہ کر رہا تھا۔

جبرالٹر میں ایرانی تیل بردار جہاز کو قبضہ میں لیے جانے پر ایران نے برطانیہ پر امریکہ کے آلہ کار بننے کا الزام عائد کیا۔ ایرانی وزیر خارجہ جواد ظریف نے برطانیہ سے مطالبہ کیا کہ وہ امریکہ کی معاشی دہشت گردی کا حصہ نہ بنے۔ جبکہ ٹرمپ انتظامیہ ایران پر دباؤ بڑھانے اور مزید تحدیدات کے ذریعہ ایرانی تیل برآمدات پر روک لگانے کی کوشش میں ہے۔

سویڈن کے سابق وزیر اعظم اور یورپین کونسل آف فارن ریلیشن کے شریک چیرمین کارل بلٹ [Carl Bildt] نے ایرانی جہاز کے خلاف برطانوی کارروائی پر سوال اٹھاتے ہوئے کہا کہ یورپی یونین عام طور پر غیر اراکین ممالک کے خلاف کارروائی کا مجاز نہیں ہے اور ایران یوروپی یونین کا رکن بھی نہیں ہے۔

ایران کا ماننا ہے کہ برطانیہ نے امریکہ کی شہ پر ہی ایرانی جہاز کے خلاف کارروائی کی ہے تاکہ ایران کو گھٹنے ٹیکنے پر مجبور کیا جاسکے۔

ایران کی جانب سے برطانوی پرچم بردار جہاز کو آبنائے ہرمز [Strait of Hormuz] میں حراست میں لئے جانے کی مذمت کرتے ہوئے امریکہ نے کہا کہ ایران نے صرف ایک ہی ہفتے میں برطانیہ کو دو مرتبہ اپنے تشدد کا نشانہ بنایا ہے۔ برطانیہ نے آبنائے ہرمز میں تیل بردار جہازوں کے تحفظ کو یقینی بنانے کے لئے یوروپی قیادت میں بحریہ مشن تشکیل دینے کا مطالبہ کیا ہے۔

برطانوی خارجہ سکریٹری جرمی ہنٹ [Jeremy Hunt] نے برطانوی پارلیمنٹ میں کہا کہ بین الاقوامی قوانین کے مطابق ایران کو خلیجی سمندر میں بحری جہازوں کی آمد و رفت میں کسی بھی قسم کی رکاوٹ پیدا کرنے کا کوئی اختیار نہیں ہے، جبکہ ایران نے برطانوی پرچم بردار جہاز کو اپنے قبضہ میں لے کر اپنی بندرگاہ پر لنگر انداز ہونے کے لئے مجبور کیا۔ انہوں نے ایران کی اس کاروائی کو "قزاقی" قرار دیا۔ جبرالٹر کے حکام نے وضاحت کی کہ ایرانی تیل بردار جہاز کو قبضہ میں لینے کی وجہ یہ نہیں تھی کہ وہ ایرانی تیل سے لیس تھا بلکہ اسے اس لئے روک لیا گیا کیونکہ یہ مشتبہ طور پر ملک شام کی جانب رواں تھا جو کہ یورپی یونین کی پابندی کی خلاف ورزی ہے۔ ۲۰۱۵ء میں کئے گئے جوہری معاہدہ سے پچھلے سال امریکہ کی دستبرداری اور ایران پر اقتصادی پابندیوں کے بعد سے دونوں ممالک کے تعلقات مسلسل کشیدہ ہوتے جا رہے ہیں۔

اسی ہفتہ ایران نے یہ اعلان کیا کہ اس نے امریکی جاسوسی ادارہ سی آئی اے کے ۱۷ جاسوسوں کو گرفتار کر کے مختلف سزائیں سنائی ہیں جس میں سزائے موت بھی شامل ہے۔ مارچ ۲۰۱۹ء تک ایک سال کے دوران عمل میں آئیں ان کارروائیوں کے ایرانی دعوے کو امریکہ نے جھوٹ کا پلندہ قرار دیا ہے، جبکہ ایران نے سرکاری ٹیلی ویژن چینل کے ذریعہ سی آئی اے کے ان عہدیداروں کی تصاویر جاری کر دیں جن سے گرفتار شدہ جاسوس مسلسل رابطے میں تھے۔ امریکی صدر ڈونالڈ ٹرمپ نے ٹویٹر پر ایران کے دعویٰ کو مسترد کرتے ہوئے اسے محض ایرانی پروپیگنڈہ قرار دیا۔ ٹرمپ نے کہا کہ ایران کی معیشت تنزلی کا شکار ہونے کی وجہ سے وہ تباہی کے دہانے پر آچکی ہے۔ اسی لئے ایران بوکھلاہٹ کا شکار ہو کر ایسی حرکتوں پر اتر آیا ہے۔ برطانوی وزیر خارجہ جیرمی ہنٹ نے ایران سے تحویل میں لئے گئے بحری جہاز کو چھوڑنے اور عملہ کو رہا کرنے کا مطالبہ کرتے ہوئے ایران کو وارننگ دی کہ ایسا نہ کرنے کی صورت میں برطانیہ خلیج میں بڑی تعداد میں فوج تعینات کرنے پر مجبور ہو جائے گا۔

ایران کے قبضہ میں موجود برطانوی پرچم بردار جہاز کی مالک سویڈن کی کمپنی سٹینا بلک [Stena

Bulk] نے چہار شنبہ کو اس بات کی تصدیق کی کہ جہاز کا عملہ محفوظ ہے۔ کمپنی کے عہدیداروں نے جہاز میں موجود ۲۳ اراکین میں چند سے فون پر راست بات چیت کی اور ان سب کی خیریت دریافت کی۔ کمپنی نے کہا کہ عملہ کے تمام اراکین بخیر اور صحت مند ہیں۔ ایرانی حکام ان سے تعاون اور بہتر برتاؤ کر رہے ہیں۔ کمپنی کے سی ای او ایرک ہانیل [Erik Hanell] نے امید ظاہر کی کہ عملہ کی رہائی کے سلسلہ میں عنقریب پیشرفت ہوگی۔ اتوار ۲۸ / جولائی کو ویانا میں ۲۰۱۵ء کے جوہری معاہدہ کے فریق ممالک کے مندوبین کا اجلاس منعقد ہوگا۔ اس معاہدہ کے فریقین نے خلیج کی تازہ ترین صورتحال پر بھی تبادلہ خیال کرنے کا فیصلہ کیا ہے۔

اس معاہدہ پر یورپی یونین کے ممالک برطانیہ، چین، فرانس، جرمنی اور روس سے ایران مسلسل مطالبہ کرتا رہا ہے کہ وہ امریکہ کی جانب سے ایران پر عائد کردہ معاشی تحدیدات میں نرمی پیدا کرنے اور خاص کر عالمی منڈی میں ایرانی تیل کو فروخت کرنے کے لئے امریکہ کو راضی کریں۔

ایران یورانیم کی افزودگی میں اضافہ کے علاوہ دیگر اقدامات کی بھی دھمکی دیتا رہا ہے۔ اب ایران نے دھمکی دی ہے کہ اگر خلیج کے پانی میں ایرانی تیل بردار جہازوں کی آمد ورفت کو روکا جائے گا تو پھر یہاں سے کسی اور جہاز کو بھی گزرنے نہیں دیا جائے گا۔

اس ہفتہ پیش آئے واقعات کے تناظر میں برطانیہ کا اگلا قدم کیا ہوگا اور یورپی یونین کے رکن ممالک برطانیہ کی تائید میں کھڑے ہوں گے یا مزید مصالحت کی کوشش کریں گے؟ یہ تو آنے والا وقت ہی بتائے گا تاہم خلیج کی تازہ ترین صورتحال کشیدہ ہے۔ امریکہ کا جارحانہ موقف اور خلیجی ممالک کو ہتھیاروں کی فروختگی کی راہ ہموار کرنے کے بعد اس کا اگلا قدم کیا ہوگا اور اس پر ایران کا رد عمل کیا ہوگا؟ یہ بھی عنقریب پتا چل جائے گا۔

☆☆☆ شائع شدہ: روزنامہ اعتماد ۲۸ / جولائی ۲۰۱۹

کالم: ۲۶

ہندوستان اور عالم اسلام

مرکزی حکومت کی جانب سے کشمیر میں دفعہ ۳۷۰ کی برخاستگی اور اسے دو مرکزی زیر انتظام ریاستوں میں تقسیم کے بعد پاکستان نے بین الاقوامی سطح پر ہندوستان کے خلاف ایک محاذ کھول رکھا ہے۔ حالانکہ امریکہ، برطانیہ اور دیگر ممالک نے بھی اس معاملہ میں تشویش کا اظہار کرتے ہوئے ہندوستان اور پاکستان کو بات چیت کرنے کا مشورہ دیا ہے۔ صدر امریکہ ڈونالڈ ٹرمپ نے ثالثی کا رول ادا کرنے کی بھی پیشکش کی ہے حالانکہ امریکہ نے واضح طور پر کہہ دیا کہ کشمیر کی موجودہ صورتحال ہندوستان کا اندرونی معاملہ ہے تاہم امریکہ نے جلد از جلد کشمیر میں حالات کو بحال کرنے اور محروس قائدین کو رہا کرنے کی اپیل کی ہے۔

دوسری جانب پاکستان، کشمیر کی صورتحال کو ایک بین الاقوامی مسئلہ کے طور پر دنیا کے سامنے پیش کر کے مختلف ممالک کی ہمدردیاں حاصل کرنے کی کوشش کر رہا ہے۔ اس ضمن میں اقوام متحدہ کے اجلاس میں ہندوستان کے نمائندہ سید اکبر الدین نے مدبرانہ قیادت کے ذریعہ پاکستان کے عزائم کو بری طرح ناکام بنا دیا۔

وزیر اعظم پاکستان عمران خان نے پاک مقبوضہ کشمیر میں مظفر آباد اسمبلی کو مخاطب کرتے ہوئے مسئلہ کشمیر اور وہاں کی موجودہ صورتحال کو عالمی سطح پر مسلمانوں کا مسئلہ قرار دینے کی کوشش کی۔ وادی کی موجودہ صورتحال پر انہوں نے کہا کہ اس معاملہ میں دنیا بھر کے ڈیڑھ بلین مسلمان متحد ہیں۔ عمران خان نے ایسا تاثر دینے کی کوشش کی کہ سارا عالم اسلام اس معاملہ میں پاکستان کے ساتھ

کھڑا ہے۔

عمران خان کے اس بیان پر مسلم ممالک کی جانب سے تو کوئی آواز نہیں اٹھی لیکن اس بیان کے صرف چار روز بعد ہی سعودی عرب کی سرکاری اور دنیا کی بڑی تیل کمپنی سعودی ارامکو اور ہندوستان کی ریلائنس پٹرولیم انڈسٹریز کے درمیان ہندوستان میں اب تک کی سب سے بڑی راست بیرونی سرمایہ کاری کے اعلان سے پاکستانی وزیراعظم کے دعوی کی قلعی کھل گئی۔

پاکستان دنیا بھر میں چاہے جتنا ہوا کھڑا کر لے اور کشمیر میں مسلمانوں پر مظالم کی دہائی دے لے، لیکن اسلامی ممالک کے ساتھ ہندوستان کے تعلقات پر کوئی اثر نہیں پڑے گا۔ یہ تعلقات ہمیشہ مستحکم رہے ہیں اور ان پر کبھی کوئی آنچ نہیں آئے گی۔

بین الاقوامی سطح پر پاکستان کی جانب سے ہندوستان کے خلاف مہم اور کشمیر کے نام پر اسلامی ممالک کو اپنی جانب راغب کروانے کی کوششوں کے دوران ہندوستانی وزیراعظم نریندر مودی مشرق وسطی کے دو اہم ممالک متحدہ عرب امارات اور بحرین کا سہ روزہ دورہ کر رہے ہیں۔ ۲۳ سے ۲۵ اگست تک ہونے والے اس دورہ میں نریندر مودی دونوں ممالک کے قائدین سے مختلف امور پر تبادلہ خیال بھی کریں گے۔ اس موقع پر متحدہ عرب امارات میں ہندوستانی وزیراعظم کو ملک کے اعلی ترین سیویلین اعزاز "آرڈر آف زائد" سے نوازا جائے گا۔

اسی سال مارچ میں جب سعودی ولی عہد شہزادہ محمد بن سلمان ہندوستان کے دورہ پر نئی دہلی پہنچے تو سرزمین ہند پر قدم رکھتے ہی وہ نہایت ہی پرجوش انداز میں ہندوستانی وزیراعظم سے اس طرح بغل گیر ہو گئے جیسے برسوں پرانے دوست آپس میں مل رہے ہوں۔ قبل ازیں ۲۰۱۶ میں نریندر مودی نے جب سعودی عرب کا دورہ کیا تو انہیں اس وقت بھی سعودی عرب کا اعلی ترین سیویل اعزاز عطا کیا گیا تھا۔ اس سے قبل ۲۰۱۰ء میں اس وقت کے وزیراعظم ہند ڈاکٹر منموہن سنگھ کے تین روزہ دورہ ریاض کے موقع پر انہیں سعودی عرب کی مجلس شوری کو مخاطب کرنے کا نادر اعزاز بھی حاصل ہوا تھا۔ ڈاکٹر منموہن سنگھ کے استقبال کے لئے ریاض کی اہم ترین شاہراہوں کو دونوں ممالک کے

پرچموں سے اس طرح سجایا گیا تھا کہ اہلیان ریاض آج بھی اسے بھول نہیں پائے ہیں۔

پاکستان کی جانب سے کشمیر کے نام پر اسلامی ممالک کی ہمدردی اور حمایت حاصل کرنے کی کوششوں کے درمیان، وزیراعظم ہند نریندر مودی کے دورہ متحدہ عرب امارات اور بحرین میں ان ممالک کے قائدین مودی کے ساتھ ملاقات میں کشمیر کے مسئلے کو اٹھاتے ہیں یا نہیں اور اگر اٹھاتے بھی ہیں تو اس پر ان کا موقف کیا رہے گا؟ اس پر علاقہ کی عوام کی نظر ٹکی ہوئی ہے۔

عالم اسلام میں خلیجی ممالک کو بڑی اہمیت حاصل ہے خاص کر معاشی اعتبار سے مضبوط سمجھے جانے والے دو بڑے ممالک سعودی عرب اور متحدہ عرب امارات کے ہندوستان کے ساتھ بہت ہی مضبوط اور قریبی تعلقات ہیں۔ تجارت اور سرمایہ کاری میں بھی ان ممالک سے ہندوستان کے تعلقات ناقابل تسخیر ہیں۔ خواہ ہندوستان میں کوئی بھی سیاسی جماعت برسراقتدار رہی ہو روایتی طور پر ان ممالک سے ہندوستان کے تعلقات ہمیشہ بہتر رہے ہیں۔

وزیراعظم نریندر مودی کو عرب ممالک یا کسی اور ملک میں سرکاری طور پر کسی بھی اعزاز سے نوازا جاتا ہے تو یہ ان کی اپنی ذاتی حیثیت میں نہیں بلکہ اعزاز دینے والے ملک اور ہندوستان کے درمیان قائم مضبوط اور مستحکم رشتوں اور دیرینہ تعلقات کی بنیاد پر یہ ایوارڈس دیے جاتے ہیں۔ یہ شخصی طور پر نریندر مودی کو دیئے جانے والے اعزاز نہیں ہیں بلکہ ہندوستانی وزیراعظم کو دیئے گئے اعزاز کی حیثیت سے یہ ہر ہندوستانی کے لئے اہم ہیں۔ ہندوستان میں نریندر مودی، ان کی جماعت اور ان کے نظریات سے ہمیں کبھی اتفاق نہیں ہو سکتا لیکن بیرون ہند وہ بطور وزیراعظم، ہندوستان کی پوری عوام کی نمائندگی کرتے ہیں۔ اسی لئے اگر انہیں کسی بھی ملک میں کوئی ایوارڈ یا اعزاز سے نوازا جاتا ہے تو یہ بات سارے ملک کے لئے باعث فخر ہو گی۔

پاکستانی وزیراعظم عمران خان نے کشمیر کے نام پر عالم اسلام کے ایک ساتھ کھڑے ہونے کا سراسر جھوٹ بولا ہے جبکہ حقیقت میں مشرق وسطی کے سبھی مالک ہندوستان کے ساتھ بہترین تعلقات برقرار رکھے ہوئے ہیں اور اس میں مزید استحکام پیدا کرنے کے خواہاں ہیں۔ سعودی آرامکو کی

ہندوستانی کمپنی میں سرمایہ کاری کا اعلان اس بات کی تازہ ترین مثال ہے۔

پاکستانی وزیر اعظم عمران خان کے بیان کے تناظر میں بی بی سی لندن کو دیئے گئے انٹرویو میں امور مشرق وسطی کے ماہر اور سابق سفیر ہند برائے سعودی عرب تلمیز احمد نے کہا کہ عالم اسلام کا لفظ استعمال کر کے ایسا تاثر دینے کی کوشش کی جاتی ہے کہ دنیا کے تمام مسلم ممالک متحد ہیں جب کہ حقیقت میں ایسا نہیں ہے۔ دنیا بھر میں سیاست نفع اور نقصان کی بنیاد پر ٹکی ہے اور ہر ملک اپنے مفادات کو مد نظر رکھ کر پالیسی اختیار کرتا ہے۔

اقوام متحدہ کے اجلاس میں ہندوستان کے منہ توڑ جواب سے ہزیمت اٹھانے کے بعد پاکستان نے اعلان کیا ہے کہ اب وہ مسئلہ کشمیر پر بین الاقوامی عدالت (انٹرنیشنل کورٹ آف جسٹس) سے رجوع ہو گا۔ پاکستان کو یہ بات اچھی طرح ذہن نشین کر لینی چاہئے کہ خواہ وہ اقوام متحدہ ہو یا بین الاقوامی عدالت یا اور کوئی پلیٹ فارم ہو ہندوستان ہر محاذ پر اس کا ڈٹ کر مقابلہ کرے گا۔ سربجیت کی پھانسی کا معاملہ اور حال ہی میں مسئلہ کشمیر پر اقوام متحدہ میں ہندوستان کے موقف سے پاکستان کو سبق حاصل کرنا چاہئے۔

ہندوستان کے خلاف پروپگنڈہ کرنے اور بین الاقوامی سطح پر اسلامی اور دیگر ممالک کی ہمدردیاں حاصل کرنے کے لئے پاکستان جتنی توانائیاں صرف کر رہا ہے اگر وہی توانائی پاکستان اپنے اندرونی حالات کو بہتر بنانے پر صرف کرے تو وہ زیادہ بہتر ہو گا کیوں کہ اسے ہندوستان کے خلاف کسی بھی محاذ پر کامیابی حاصل نہیں ہو گی۔ پاکستان کی تمام تر کوششوں کے باوجود مسلم ممالک ہندوستان سے تعلقات کو فروغ دینے میں دلچسپی رکھتے ہیں۔ نریندر مودی کے زیر اقتدار بی جے پی حکومت میں ہندوستان میں مسلمانوں کے ساتھ جو کچھ بھی ہو رہا ہے اس کے باوجود بھی مسلم ممالک ہندوستان سے دوستانہ تعلقات برقرار رکھتے ہیں تو حکومت ہند پر بھی یہ ذمہ داری عائد ہوتی ہے کہ وہ ملک کے مسلمانوں کے تئیں اپنی پالیسی اور اپنے نظریات پر نظر ثانی کرے۔

☆☆☆ شائع شدہ: روزنامہ اعتماد ۲۵/ اگست ۲۰۱۹

کالم: ۲۷

کشمیر - تم قتل کرو ہو کہ کرامات کرو ہو

کشمیر میں دفعہ ۳۷۰ کی برخاستگی اور ریاست کے دو مرکزی زیر انتظام علاقوں میں تقسیم کے بعد وادی میں عملاً ایمرجنسی کی صورتحال پیدا ہو گئی ہے۔ مواصلات کے بلیک آؤٹ، انٹرنیٹ خدمات کی عدم موجودگی، مسلسل کرفیو، غذائی اجناس اور ادویات کی قلت، بھاری تعداد میں فوج کی موجودگی اور ہزاروں افراد کی گرفتاری کی وجہ سے پورا ایک مہینہ گزرنے کے بعد بھی کشمیر کے حالات میں اب تک بہتری کے کوئی آثار نظر نہیں آتے۔

پاکستان نے کشمیر کی صورتحال سے فائدہ اٹھا کر بین الاقوامی سطح پر ہندوستان پر شکنجہ کسنے کی کوششیں تیز کر دی ہیں جس میں ۵۷ اسلامی ممالک پر مشتمل آرگنائزیشن آف اسلامک کنٹریس (او آئی سی) نے کشمیر میں صورتحال کو فوری بحال کرنے کا مطالبہ کرتے ہوئے بیان جاری کر دیا۔

متحدہ عرب امارات نے نریندر مودی کو اعلیٰ ترین اعزاز کی پیشکشی کے صرف ایک ہفتہ بعد ہی اپنے وزیر خارجہ کو پاکستان روانہ کیا تا کہ کشمیر کی صورتحال پر پاکستانی قیادت سے بات کر سکیں۔ پاکستانی وزیر اعظم عمران خان نے امارات اور سعودی حکمرانوں سے ٹیلی فون پر رابطہ کر کے انہیں کشمیر کی صورتحال سے واقف کروایا تھا اور اس کے بعد چہار شنبہ کو امارات کے وزیر خارجہ اور سعودی عرب کے وزیر خارجہ ایک روزہ دورے پر پاکستان پہنچے۔

پاکستانی وزیر اعظم عمران خان اور وزیر خارجہ شاہ محمود قریشی نے مہمان وزراء کے ساتھ علیحدہ علیحدہ اجلاس منعقد کئے اور انہیں کشمیر کی تازہ ترین صورت حال سے واقف کروایا۔

پچھلے ایک مہینے سے پاکستان دنیا کے مختلف ممالک سے رابطہ کرتے ہوئے مسئلہ کشمیر پر مداخلت کرنے اور اسے بین الاقوامی مسئلہ بنانے کی پوری کوشش کر رہا ہے تاکہ اس صورتحال کے خلاف متحدہ طور پر ہندوستان کے خلاف مسلم ممالک کو صف آرا کر سکے۔

خارجہ سیکریٹری برطانیہ ڈومینیک رنی راب [Dominic Rennie Raab] نے برطانوی پارلیمنٹ میں کشمیر کے مسئلے پر بیان دیتے ہوئے وہاں حقوق انسانی کی پامالیوں پر تشویش کا اظہار کیا اور اسے بین الاقوامی مسئلہ قرار دیا۔ برطانوی پارلیمنٹ کی ویب سائٹ پر ایک درخواست جاری کی گئی ہے جس میں کشمیر کے معاملے پر پارلیمنٹ کو موثر رول ادا کرنے کی اپیل کی گئی ہے۔ اس درخواست میں کہا گیا ہے کہ حکومت ہند کی جانب سے کشمیر کی خصوصی حیثیت کو ختم کر دیے جانے سے خطے میں خطرناک صورتحال پیدا ہو گئی ہے لہٰذا برطانیہ اس معاملے کے حل کے لیے مداخلت کرے۔ اس درخواست پر اگر ایک لاکھ افراد دستخط کر دیں تو پھر پارلیمنٹ میں اس پر بحث ہو گی۔

وزیر خارجہ بلجئیم دیدیر ریندرس [Didier Reynders] نے اقوام متحدہ میں کشمیر کی صورتحال پر بات کرنے کا تیقن دیا۔ وزیر موصوف کے اس بیان سے ایک روز قبل ہی یورپی پارلیمنٹ کی خارجہ امور کی کمیٹی نے اپنے اجلاس میں کشمیریوں کے شہری حقوق کو فوری بحال کرنے کا مطالبہ کیا تھا۔

اسی ہفتے اپنے دورہ روس کے موقع پر وزیر اعظم ہند نریندر مودی نے صدر روس ولادمیر پوتین [Vladimir Putin] سے ملاقات کی۔ اس ملاقات کے بعد مشترکہ پریس کانفرنس کو مخاطب کرتے ہوئے نریندر مودی نے کہا کہ ہندوستان اور روس کسی بھی ملک کے داخلی امور میں بیرونی اثر کے مخالف ہیں۔ اس سے قبل فرانس میں امریکی صدر ڈونلڈ ٹرمپ سے ملاقات کے موقع پر امریکی صدر نے بھی مسئلہ کشمیر کو ہندوستان کا اندرونی معاملہ قرار دیا تھا۔

اس طرح ہندوستان اور پاکستان کی جانب سے اپنے اپنے موقف کی تائید حاصل کرنے کے لیے بین الاقوامی سطح پر کوششیں جاری ہیں۔ بین الاقوامی سطح پر دونوں ممالک کے درمیان جاری رسہ کشی کے دوران کشمیری عوام کو پریشانیوں سے راحت کے کوئی آثار نظر نہیں آ رہے ہیں۔

پچھلے ایک ماہ سے جاری پابندیوں کے سائے میں اور انٹرنیٹ بلیک آوٹ کی وجہ سے ساری دنیا سے منقطع عوام کے بارے میں سوچنا ہندوستانی حکومت کی ذمہ داری ہے لیکن نریندر مودی کی حکومت وادی میں اپنا شکنجہ مضبوط کرنے کے لیے کسی بھی حد کو پار کرنے سے گریز نہیں کرے گی۔ کشمیری عوام کی پریشانیوں کی پرواہ کیے بغیر جارحانہ موقف اختیار کرتے ہوئے حکومت ہند نے کشمیریوں پر اپنی مرضی مسلط کر دی ہے۔

سیاسی مبصرین کے مطابق مسلسل پابندیوں کے ذریعے مرکزی حکومت کشمیری عوام کو اس قدر مجبور کر دینا چاہتی ہے کہ وہ آرٹیکل ۳۷۰ کی برخواستگی اور ریاست کی تقسیم کے فیصلے کے خلاف کسی بھی قسم کی آواز تک نہ اٹھا سکیں۔ بی جے پی حکومت، کشمیر میں آخر کیا چاہتی ہے یہ تو آنے والا وقت ہی بتائے گا لیکن اپوزیشن جماعتوں اور بیرونی میڈیا کی جانب سے حکومت ہند پر تنقیدوں کا سلسلہ جاری ہے۔ سی پی آئی ایم ایل کے جنرل سیکریٹری سیتارام یچوری نے کشمیر کی موجودہ صورتحال کو فلسطین کے مماثل قرار دیا جہاں فلسطینی عوام پر اسرائیلی افواج کے مظالم ایک عام بات ہے۔ چند سیاسی تجزیہ نگاروں نے مودی حکومت کے اقدامات کو اسرائیل سے متاثرہ قرار دیا ہے۔ جس طرح اسرائیل دنیا بھر سے لا کر یہودیوں کو اسرائیل میں بسانا چاہتا ہے بالکل اسی طرح بی جے پی حکومت بھی ملک کے مختلف علاقوں سے ہندوؤں کو لا کر کشمیر میں بسانا چاہتی ہے جہاں مسلمانوں کے اکثریتی موقف کو ختم کر دیا جا سکے۔

اس بات کا اندازہ لگایا جا رہا ہے کہ آرٹیکل ۳۷۰ کی برخاستگی کے ساتھ ریاست کی تقسیم کے درپردہ عزائم دراصل یہ ہیں کہ کشمیر سے ہندوستان کی واحد مسلم اکثریتی ریاست کا موقف چھین کر اسے ہندو اکثریتی ریاست میں تبدیل کر دیا جائے۔ ہندوستان کے بیشتر میڈیا چینلوں نے کشمیر کی حقیقی صورتحال کی سچی عکاسی نہیں کی جبکہ بین الاقوامی ٹی وی اور اخبارات نے حالیہ عرصے میں کشمیر کو جتنا کوریج دیا ہے شاید ہی اس سے قبل کبھی دیا گیا ہو۔ بی بی سی، الجزیرہ یا پھر واشنگٹن پوسٹ، نیویارک ٹائمز اور گارجین جیسے اخبارات سبھی نے کشمیر کی صورتحال پر وسیع تر کوریج کیا ہے۔ ایسے میں اب

یہ سوال پیدا ہوتا ہے کہ بین الاقوامی سطح پر ہندوستان کی ساکھ کتنی متاثر ہوگی؟ ہندوستانی حکومت کو یہ بات اچھی طرح سے سمجھ لینی چاہیے کہ بین الاقوامی میڈیا ہو یا پھر امریکی و برطانوی پارلیمنٹ ہر جگہ پاکستانی نژاد امریکی و برطانوی افراد موجود ہیں جو تازہ صورتحال کو موقع غنیمت جان کر دل کھول کر ہندوستان کے خلاف اپنی بھڑاس نکال لیں گے۔ بیرونی ممالک کی حکومتیں پارلیمان میں اور میڈیا کشمیر کی صورتحال پر ہندوستانی حکومت کے خلاف آواز بلند کرتا ہے تو ایسے میں بین الاقوامی سطح پر ہندوستان کو اپنی ساکھ بچانے کی بھی فکر کرنی چاہیے۔

مستقبل قریب میں حقوق انسانی کی بین الاقوامی تنظیمیں جیسے ایمنسٹی انٹرنیشنل وغیرہ کشمیر کی صورتحال پر اپنی رپورٹ جاری کریں گی تو بین الاقوامی میڈیا میں ہندوستانی حکومت کے خلاف پھر ایک نئی مہم چھڑ جانے کا راستہ کھل جائے گا۔ ہندوستان کی گودی میڈیا نے کشمیر کی حقیقی صورتحال کی پردہ پوشی کی ہے بلکہ چند چینلز تو ایسا تاثر دینے کی کوشش کر رہے ہیں کہ حالات تیزی سے معمول پر آرہے ہیں۔ ایسے میں ملک کے غیر جانبدار صحافیوں نے حقیقت سے پردہ اٹھا کر ڈھونگی میڈیا کی پول کھول کے رکھ دی ہے۔

رویش کمار، رعنا ایوب، برکھا دت، ابھیسار شرما، عارفہ خانم شروانی جیسے چند صحافیوں نے میڈیا کے ساکھ کی لاج رکھ لی ہے۔ اب دیکھنا یہ ہے کہ مودی سرکار بین الاقوامی سطح پر ملک کی ساکھ کو مزید خطرے میں ڈالے گی یا پھر ابتر صورتحال کو بحال کرنے کے اقدامات سے ملک کی ساکھ کو بچالے گی؟ حکومت ہند کی جانب سے ایسا امیج پیش کیا جارہا ہے جیسے وادی میں صورتحال بالکل نارمل ہو۔ چوری اور اوپر سے سینہ زوری والے اس رویے پر ہمیں کلیم عاجز مرحوم کا یہ شعر یاد آرہا ہے:

دامن پہ کوئی چھینٹ، نہ خنجر پہ کوئی داغ
تم قتل کرو ہو کہ کرامات کرو ہو

☆☆☆ شائع شدہ: روزنامہ اعتماد ۸ر ستمبر ۲۰۱۹

محمد سیف الدین کے انگریزی کالموں کا مجموعہ

Expat Ride

بین الاقوامی ایڈیشن جلد منظر عام پر

www.ingramcontent.com/pod-product-compliance
Lightning Source LLC
LaVergne TN
LVHW020437070526
838199LV00063B/4765
9789358720471